POÉSIE DES TROUBADOURS

Anthologie présentée et établie
par Henri Gougaud

Texte français
de René Nelli et René Lavaud
revu et corrigé par Henri Gougaud

POÉSIE

Points

La présente édition a été établie à partir du volume
Les Troubadours, L'œuvre poétique
paru aux éditions Desclée de Brouwer en 1966.

La plupart des traductions en français moderne
ont été revues et corrigées par Henri Gougaud pour la présente édition

ISBN 978-2-7578-1424-6
(ISBN 2-220-04889-6, 1re publication)

© Éditions Desclée de Brouwer, 1966 et 2000, pour le texte français
© Éditions Points, 2009, pour la préface et la présente édition

Le Code de la propriété intellectuelle interdit les copies ou reproductions destinées à une utilisation collective. Toute représentation ou reproduction intégrale ou partielle faite par quelque procédé que ce soit, sans le consentement de l'auteur ou de ses ayants cause, est illicite et constitue une contrefaçon sanctionnée par les articles L. 335-2 et suivants du Code de la propriété intellectuelle.

Préface

Il est, dans les contes traditionnels, des êtres que ce dieu travesti qu'on nomme le hasard met sur la route du héros pour lui donner parfois le mot, parfois l'objet apparemment anodin sans lequel sa quête (sa vie même) se perdrait comme un ruisseau dans le sable. On les appelle des donateurs. C'est ce que fut, pour moi, René Nelli : un donateur. Ce fut lui qui, dès mon adolescence, me parla pour la première fois des troubadours, m'invita à les fréquenter et m'encouragea à les traduire. Ce fut lui aussi qui m'ouvrit la porte des contes de tradition orale. Je n'ai, depuis lors, jamais quitté leur inépuisable domaine.

René Nelli était carcassonnais, comme moi, et professeur à la faculté des lettres de Toulouse au temps où j'y étais étudiant. J'avoue avoir peu fréquenté le cours qu'il y faisait sur les troubadours, ce qu'il lui arrivait de me reprocher avec une affabilité narquoise qui ne me troublait guère. Je préférais nos rencontres, à Carcassonne. Il me prêtait des livres et nous parlions de tout, des troubadours, de l'hérésie cathare, de folklore (il était aussi un éminent ethnographe), de son espoir de voir naître, un jour, une Europe des régions. L'étendue de sa bibliothèque me laissait abasourdi. Je me disais que jamais de ma vie je ne pourrais lire, moi, autant de livres. Est-ce que je l'admirais ? je ne crois pas. J'étais trop occupé à l'écouter. C'est qu'il n'était pas seulement un familier des troubadours et des hérétiques. Il l'était aussi des surréalistes, que je lisais passionnément. Lui-même était poète. Grand poète. Son *Arma de vertat* (Âme de vérité) est un livre infiniment émouvant, et que le temps qui passe ferait bien de ne pas égarer. « Et tantôt mon regard se perd / Vers la montagne où le soleil / Fait luire des pierres romaines, / Tantôt vers la jambe impatiente / De Jeanne qui songe à l'amour / En croyant ne penser à rien ». Combien de fois suis-je resté longtemps rêveur après ces mots lus et relus ?

C'est dire que lorsqu'il me fut proposé de préparer et de préfacer une édition abrégée de sa monumentale anthologie des troubadours, je pris cela comme un honneur autant intimidant qu'inespéré. Inespéré parce que l'occasion m'était offerte de rendre hommage à un maître qui, malgré le temps et les méandres de ma vie, n'a jamais cessé de m'être proche et nourricier. Intimidant parce que cet homme était un grand esprit, et un érudit comme on n'en fait plus. Avais-je le droit de toucher à son œuvre ? J'ose croire qu'il ne s'en serait pas offusqué. Je me souviens de ce que m'avait dit ce libertaire le jour où je lui avais montré les traductions libres, trop libres peut-être que j'avais faites de quelques troubadours. Il en avait souri, puis : « Bah ! c'est toi qui as raison ». Je m'étais senti définitivement absous. Je suis depuis ce temps convaincu que ces chants sauvés de l'oubli par leur seule force de vie désirent être abordés avec la passion de l'amoureux, plus que la rigueur du spécialiste. Nelli pensait aussi cela. Je ne peux douter, sur ce point, de notre secrète complicité. Si je dois me justifier d'être ici à l'ouvrage, je ne peux dire plus, ni mieux.

René Nelli a publié, en 1966, aux éditions Desclée de Brouwer, deux volumes de plus de mille pages chacun intitulés *Les Troubadours*. Le premier tome est consacré à leur œuvre épique, le deuxième à leur œuvre poétique. C'est celui-là qui est aujourd'hui réédité. Non point *in extenso*. L'édition originale était bilingue occitan-français. Les traductions françaises ont été seules conservées. L'ouvrage, même ainsi allégé, était encore trop lourd pour un livre de poche. Je me suis donc appliqué à ne retenir que les textes qui me paraissaient essentiels, soit pour leur qualité poétique, soit pour leur valeur documentaire.

Car il importe que soit aujourd'hui remise en lumière l'œuvre de ces poètes médiévaux dont le nom – troubadours – mis aux sauces les plus douteuses, fut affadi jusqu'au ridicule. En un temps – le Moyen Âge des XIIe et XIIIe siècles – où l'on ne voulait connaître, de la femme, que la vierge, la mère ou la putain, ils inventèrent (comme on « invente » un trésor) la compagne, la dame, l'être féminin objet essentiel de désir. La révolution ainsi initiée ouvrit la voie à l'amour cordial (au sens fort du terme : « qui émeut et dilate le cœur »), au sentiment amoureux tel que les amants le vivent de nos jours. De fait, les troubadours furent nos pères en amour, et je crois leur œuvre encore assez forte pour nourrir nos vies et nous pousser à affiner notre relation avec cet « autre » si proche et pourtant si mystérieux.

René Nelli parle lumineusement de tout cela dans le texte aussi passionné que savant, « L'amour et la poésie », qui introduit à la lecture de ces chants du cœur. Je n'insiste donc pas. Pour ma part, je ne peux que dire l'émerveillement que j'éprouve sans cesse à fréquenter les vergers d'amour de ces hommes animés de cette foi, de cet élan « qui fait l'éternelle vigueur et l'éternelle jeunesse des poètes ». Ils sont comme des arbres qui ne connaîtraient pas l'automne, même pas l'été : toujours en fleurs. Et m'émeut plus encore de les savoir nés, pour la plupart, de cette terre que Nelli appelait « le Midi noir ». On aurait pu les imaginer enfants de l'insouciante Provence, ou de la riche Aquitaine, mais non. Ils sont de cet austère pays, entre Périgord et Roussillon, que martyrisèrent les troupes de la croisade contre les Albigeois. Ils furent les contemporains des bûchers où se consuma l'hérésie cathare, et les témoins de la naissance de l'Inquisition, comme si l'amour avait choisi de naître et de porter fruit sur les lieux mêmes où l'on ne pouvait que désespérer de lui.

Le Midi noir. Le pays des troubadours, et le mien. Ne demeurent de ces siècles que des lambeaux de châteaux décharnés et des poèmes amoureux. Que ceux-ci témoignent une fois encore, en nos temps incertains, que le chant des hommes est plus durable que leurs forteresses. Contre la force, l'amour et la poésie ne peuvent presque rien. Dans ce « presque » est le jardin des troubadours, et dans ce jardin le germe même, invulnérable, de toute espérance et de toute vie.

Henri Gougaud.

Introduction

« Lorsque la poésie provençale, écrit Marc Bloch, inventa l'Amour courtois, ce fut sur le modèle du dévouement vassalique qu'elle conçut la foi du parfait amant[1]. » Celui-ci, au cours d'une cérémonie intime devenait l'homme lige de sa Dame. Et à considérer l'amour de ce seul point de vue extérieur et formel, on voit qu'il n'était qu'un lien de dépendance spirituel unissant l'ami à son « seigneur » l'aimée. Mais si l'amour courtois s'est inséré ainsi, comme il était naturel, dans le cadre des institutions féodales, il est évident qu'il ne peut pas tirer son origine d'une simple cérémonie d'hommage.

Faut-il la chercher dans les anciennes fêtes de mai dont la poésie des troubadours semble avoir retenu quelques traits : l'éloge traditionnel du printemps, le dessein de faire coïncider le renouveau de la nature avec celui du cœur ? S'il n'est pas certain qu'il y ait un rapport entre l'Amour « adultère » des troubadours et les mariages à l'essai qui, chez les Celtes, prenaient fin ou étaient renouvelés, à cette période de l'année, tout porte à croire, cependant, que c'est au mois d'avril et de mai qu'avait lieu la libération (théorique ou réelle) des instincts féminins. Au cours des fêtes qui se

---

1. Marc Bloch, *La Société féodale*, la formation des liens de dépendance, Albin Michel, Paris, p. 356.

déroulaient au début de l'année (vers la fin d'avril) le «groupe d'âge» des jeunes filles assumait des fonctions magiques – en rapport avec cette libération des instincts – et destinées (autrefois) à activer symboliquement la végétation. Au XIe siècle, déjà, elles plantaient des mais, allaient couper des rameaux verts dans la campagne, prenaient part aux processions joyeuses organisées par le bas clergé. Peut-être procédaient-elles aussi – comme l'usage en a persisté longtemps dans nos provinces – à des fiançailles feintes (avec un homme de leur goût) ou à des fiançailles suivies plus tard de mariages. De toute façon, le mois de mai était pour elles celui du libre «courtisement». (Et c'est pourquoi, peut-être, on ne se mariait pas ce mois-là.) C'est à cette époque qu'elles faisaient choix, pour présider leurs fêtes, d'une reine qui – chose assez curieuse – était presque toujours une femme mariée. Or les femmes mariées, de leur côté, prenaient part, à l'«entrada del tems clar», à des danses assez libres où – à en juger par les quelques chansons de mai qui nous sont parvenues – elles s'arrogeaient le droit de danser, en dépit du mari, du «jaloux», avec leurs amants (symboliques?). Peut-être ne s'agissait-il que de mimer les regrets de la «mal mariée» selon un scénario traditionnel; mais nous croyons plutôt que l'esprit de la coutume était de permettre à toutes les femmes – mal mariées ou non – de s'affranchir temporairement de l'autorité maritale. On trouve, dans le folklore, de nombreux exemples de ces renversements éphémères de l'autorité, acceptés par le corps social et, bien entendu, par les maris (ou les maîtres, dans le cas où la fête s'accompagnait d'une libération symbolique des esclaves ou domestiques). Seulement, la révolte des femmes contre les maris présentait plus de dangers que celle des esclaves; parce qu'elle prenait nécessairement la forme d'une liaison amoureuse. Elle consistait pour les jeunes filles, comme nous l'avons dit, à se laisser librement courtiser par qui elles voulaient, et pour les dames, à se choisir un partenaire autre que le mari. Le « Valentinage » – sorte d'union extra-conjugale du même genre – a suscité en son temps les mêmes méfiances que l'amour de mai auquel il ressemble beaucoup. En plein XVIIe siècle, l'évêque de Belley (Savoie), Jean-Pierre Camus, écrira dans son *Diotrephe, histoire valentine* (Lyon, 1626) : « Que dira-t-on de cette dangereuse association en laquelle un mari, sans querelle, ne peut refuser la conversation avec sa femme au *Valentin* qui l'aura tirée par sort ? (Les valentins étaient tirés au sort le 14 février.)… Et quelle place si forte qui ne soit tentée de se rendre à la merci de l'assiégeant, étant environnée durant tant d'espace[2] et sollicitée à composition en parlementant tous les jours ? ».

Aux deux thèmes traditionnels qui venaient se conjuguer ainsi dans le « Valentinage » comme dans l'amour de mai : *liberté accordée aux femmes, accord amoureux se substituant aux liens conjugaux*, il est clair que la doctrine amoureuse des troubadours devait trouver son compte, puisqu'ils tendaient l'un et l'autre à ridiculiser le mari, du moins le mari jaloux. On pourrait croire que les fêtes de mai ne représentaient pas autre chose que l'« envers » populaire de l'Amour courtois. Mais il n'est pas possible de savoir exactement si la « Courtoisie » est sortie de l'Amour de mai, ou si l'Amour de mai n'est qu'une dégradation populaire de l'Amour courtois. Le rapprochement que nous avons établi suffit, du moins, à rendre compte de ce qui, chez les troubadours, *a pu* procéder de l'Amour de mai, et qui se réduit presque au

---

2. Un an. En Angleterre, encore aujourd'hui, le 14 février, le jeune homme choisit la jeune fille qui sera sa Valentine et dont il sera le Valentin, ou cavalier servant, *durant l'année*.

cadre printanier de la première strophe de leurs chansons. Si le rapport entre ces deux Amours est plus étroit que nous ne pensons, ce doit être sur un tout autre plan ; et c'est dans une mythologie antérieure à l'un et à l'autre qu'il faut le chercher.

L'amour provençal se rattache à ces grandes idéologies, pénétrées de magie, qui ont eu pour but, dans l'humanité primitive, de « délimiter » des sentiments nouveaux en les *représentant* socialement par des cérémonies symboliques. Au nombre de ces sentiments complexes et tard apparus, il faut ranger l'amitié et l'amour. La tendance naturelle des hommes à sortir de leur propre moi, à vaincre l'égoïsme, les a amenés à *figurer* d'abord l'Amitié sous des traits excessivement idéalisés : elle a suscité les rites de fraternité qui consistaient – pour les amis – à échanger leurs sangs, soit en les buvant mêlés à quelque potion, soit en faisant coïncider des incisions pratiquées à leurs bras ou à leurs cuisses. Ils se persuadaient ainsi, sur la foi de cette opération très concrète, qu'ils n'avaient plus qu'une même âme et qu'ils avaient franchi les limites de leur personne physique pour entrer dans une « existence à deux ». *Or ces rites se survivaient au début du Moyen Âge.* Le compagnonnage médiéval apparaît nettement comme un cas particulier de l'*affrèrement* par le sang. Dans l'*hymne de Waltharius*[3], dans le roman de *Lancelot du Lac*, on voit des chevaliers boire un mélange de leur sang pour devenir frères d'armes. Et comme cet affrèrement a été pratiqué par tous les peuples qui ont occupé la France méridionale ou ont été en contact avec elle, nous sommes dispensés, pour autant, de rechercher ici

---

3. Sur ce poème latin, ayant pour héros un prince aquitain nommé Walther, voir : Fauriel, *Hist. de la poésie provençale*, Paris, 1846, I, p. 270.

par quelles voies il s'est répandu chez les Occitaniens. Il était connu des Celtes comme des Germains et les Arabes le tenaient en grand honneur depuis la plus haute antiquité. Il peut donc devoir son origine à l'un ou l'autre de ces deux peuples européens (voire aux Romains, puisqu'il est certain que Catilina et ses amis s'étaient liés par une cérémonie d'échange des sangs), ou avoir été emprunté, dès le Xe siècle, soit aux Musulmans d'Espagne, soit, pendant les croisades, aux Arabes de Syrie. En 1180 le comte français de Tripoli, à l'occasion d'un pacte d'alliance, devint le « frère de sang » de l'émir avec lequel il traitait. Il n'est donc pas douteux que les mythes – et les rites – de l'échange des sangs et de la communion animique n'aient hanté les consciences masculines du XIe siècle au XIVe (au moins): Bertrand du Guesclin et Olivier de Clisson pratiqueront encore cet échange vers 1350. Et cela explique les allusions, pas très nombreuses, mais très expressives, au cœur mangé, au cœur partagé, que l'on trouve dans les romans et même dans les poèmes lyriques.

C'étaient là des rites virils. On sait que les hommes répugnent, dans les sociétés archaïques, à entrer en fraternité véritable avec les femmes. Dans l'Afrique noire, les échanges de sang *entre hommes et femmes* sont, actuellement encore, assez rares. Il devait en être exactement de même en Occident, au Xe siècle. De fait, c'est au XIe siècle, dans le monde arabe, que les métaphores de l'*échange des cœurs* et de l'*échange des sangs* – métaphores issues évidemment de rites réels – sont *appliquées pour la première fois à l'amour intersexuel*[4]. Et en Occitanie, c'est au XIIIe siècle qu'on les voit entrer dans la poésie où elles se répandront, se vulgariseront jusqu'à n'être plus que des clichés

---

4. Peut-être d'abord à l'amour homosexuel.

littéraires. Que l'Amour ne soit parvenu à *se penser* qu'en faisant appel aux mythes magiques de l'Amitié et qu'il ne soit ainsi, à ses débuts, qu'une sorte d'« affrèrement » d'un genre nouveau, n'implique nullement que de tels rites aient été réellement pratiqués entre hommes et femmes au XIIIe siècle. Cette opération, bien peu « courtoise » en elle-même, eût été bien difficile à imposer à des dames ayant maris. Il suffisait qu'on en sentît encore l'efficacité magique et surtout que le besoin de communier avec la femme autrement que sexuellement, fût devenu très impérieux, et très ardente l'aspiration à cette union des âmes. Or jamais on n'a plus rêvé d'amour, c'est-à-dire d'« échange des cœurs » qu'au XIIe siècle. Les circonstances devenaient *plus favorables que jamais à l'imitation par l'amour des rites de l'amitié*. On ne savait pas encore définir l'amour-passion. On le cherchait à travers tout ce qu'il n'était pas. (Les héros de romans confondent sans cesse le désir charnel avec le respect galant, et surtout l'amitié avec la communion animique intersexuelle.) Mais tout le monde aspirait à fonder l'Amour partagé. De même que les bons esprits greffaient sur l'amitié (aristotélicienne) cette passion nouvelle encore mal délimitée, de même les poètes et les dames s'essayaient à transposer en Amour les rites et les mythes de la fraternité chevaleresque. *L'échange des cœurs* – pour n'être qu'une métaphore – n'en constituait pas moins la traduction rituelle la plus parfaite possible de cette fusion des âmes tant souhaitée. Qu'il ait été remplacé par un échange des souffles dans le baiser, par l'échange d'un anneau, ou même par l'échange de serments solennels – le compagnonnage viril avait substitué lui-même, en de nombreux cas, le serment à l'échange réel des sangs – ces symboles, simples supports de l'imagination, procédaient tous de la même conception, très archaïque, d'un échange effectif de « substance animique ». En imitant le dévouement vassalique, l'Amour s'était annexé, du même coup, tous les mythes de la fraternité virile et notamment ceux du compagnonnage[5] qui, s'ils occupaient les consciences masculines, ne tentaient pas moins celles des femmes, soucieuses d'être enfin admises comme « amies » par les hommes. Elles pratiquaient d'ailleurs, *réellement* et depuis longtemps, l'échange des sangs, *dans le secret*, pour se faire *aimer* de ceux qu'elles désiraient : elles leur faisaient boire, *à leur insu*, quelques gouttes de leur sang. Certains peuples même (les Gitanes, au XIVe siècle) adopteront ce rite comme *symbole de mariage* (ce qui montre bien qu'il était devenu intersexuel). Il est sûr, du reste, que rien n'était plus en rapport avec la nature féminine que de rêver, en accord avec les poètes, un *échange des cœurs* (transposition poétique de l'échange des sangs), que le compagnonnage pratiquait déjà et que la sorcellerie leur conseillait dans le mystère. L'amour courtois s'est développé, dans les cœurs, et surtout dans les imaginations, à partir de ces bases magiques.

Il y avait bien à vaincre les fortes préventions que les hommes nourrissaient contre le sexe féminin. Mais la femme était devenue plus digne de l'amitié masculine ; elle était désormais dotée d'une âme que le christianisme avait magnifiquement exaltée. Et surtout, comme l'amour courtois n'était à l'origine qu'une *amitié de cœur unissant un vassal à une grande dame, femme de*

---

5. Il est très significatif que Bertran de Born (chevalier) appelle sa dame, au masculin, son « compagnon » *(mon companhier)* dans un passage où, s'il est en faute, il se condamne à ne pouvoir faire honneur sexuellement à sa partenaire : *Falha-m poders davas mon companhier De tal guisa que no-m posca ajudar,* (*Ieu m'escondisc*, v. 16-18 ; Appel, *Chrest.* 35 et Bartsch, *Chrest.* 123.) Que le pouvoir (viril) me manque envers *mon compagnon* – en telle sorte que je ne puisse m'aider. (Il conjure, en réalité, cette éventualité : si j'ai manqué à mes devoirs, dit-il, alors je consens...)

son seigneur, il n'y avait point de honte pour lui à entrer dans cette fraternité nouvelle qui restait dans l'esprit de la Féodalité. Le seigneur devait protection à son vassal ; or, et c'est bien là *un de ses caractères les plus importants*, l'Amour ainsi conçu tendait à assurer une sorte de protection magique dans les combats. Les poètes allemands, surtout Wolfram d'Eschenbach (qui semble avoir connu les théories provençales), nous ont laissé de cette « croyance » des preuves irrécusables. Chez les poètes d'oc elle est beaucoup moins marquée, parce que la doctrine d'amour a été vite utilisée par les poètes et les mondains plus encore que par la chevalerie guerrière. La « supériorité » féminine, la « protection » accordée par la Dame se sont manifestées et exprimées sous d'autres formes : c'est l'inspiration poétique, le goût de la perfection morale, la pureté, la vertu, souvent même les simples qualités – bien superficielles – nécessaires à l'homme du monde, que la Dame est censée communiquer par secrète influence. Mais quelque aspect qu'elle revête, qu'il s'agisse de *chevalerie* ou de *courtoisie*, cette idée que la femme protège son amant, est *essentielle à l'Amour provençal*. On croit que la femme est d'une nature telle qu'elle peut fournir à l'homme un secours qu'il ne saurait attendre que d'elle, une aide d'essence magique, morale ou poétique. Et c'était là pour les Occitans un phénomène *naturel*. Ils pensaient que l'Amour – réduit parfois à une « joie », à une exaltation – représentait toujours une sorte de grâce reçue, un don spirituel de l'amie.

D'un point de vue très général, on peut donc définir l'Amour « provençal » (à vrai dire : occitan) – du XIIe au XIVe siècle – comme une « surestimation » poétique de la femme, et tout spécialement de la femme mariée. Il exigeait une sorte de soumission volontaire de l'amant à sa Dame, et même à l'idée de l'Amour – souvent représentée sous les traits d'une reine, d'une déesse. Cette attitude se justifiait par la croyance que l'Amour était à la fois *ce qui révélait chez l'homme bien né les vertus de l'âme, et ce qui les développait*. La plus haute de ces vertus pouvait être, à la limite, et très paradoxalement, la *Pureté* (castitatz) qui refusait l'acte physique, faisait disparaître la femme réelle dans l'exaltation mystique qu'elle inspirait, et permettait enfin à l'amant de découvrir dans l'*aspiration à l'amour* le seul *objet vrai de l'amour*.

Mais cette doctrine, définie ainsi à grands traits comme un tout cohérent, ne s'est jamais présentée avec autant d'unité, ni avec tous ces caractères à la fois. Elle a beaucoup évolué dans les trois siècles de son histoire. Avant d'en retracer sommairement les étapes, nous soulignerons d'abord les deux tendances idéologiques très différentes qui ont contribué, par leur opposition – et surtout par l'influence qu'elles ont eu l'une sur l'autre – à la constituer : l'*amour chevaleresque* et l'*amour courtois* proprement dit.

L'amour chevaleresque est apparu le premier. (Il semble que la plus ancienne idéalisation de la femme ait été surtout l'œuvre de l'aristocratie guerrière ; et les thèmes amoureux qui figurent chez Guillaume IX sont plus chevaleresques que courtois.) C'est celui que l'on trouve exprimé dans les romans et dans les poèmes de quelques troubadours qui étaient ou se voulaient chevaliers (Raimon de Miraval, par exemple). L'amour chevaleresque enseigne que les faveurs des dames doivent se mériter par des exploits (guerriers) et il manifeste, par-là, la première tentative faite en Occident pour rattacher *la valeur héroïque à la dévotion envers la Femme*. S'il idéalise la Féminité (le chevalier prétend rester fidèle à sa dame qu'il considère comme l'« unique »), cet amour ne se voue nullement à la *castitatz*. Et c'est pourquoi, s'il est adultère, comme dans *Flamenca*, la *Nouvelle du perroquet*, etc., il aboutit au « fait » ; et s'il ne l'est pas (le héros peut choisir pour maîtresse idéale une jeune fille), il s'accommode fort bien du mariage : dans le roman de *Jaufre*, le héros épouse à la fin la dame de Monbrun ; le troubadour-chevalier Raimon de Miraval proposait le mariage aux femmes qu'il aimait. De toute façon, il se pratique dans l'*égalité* (même si l'amant n'est pas d'aussi noble naissance que la dame) ; et ce qui l'empêche seulement de se confondre avec l'amour naturel, c'est, outre la *fidélité*, la *loyauté* dont nous venons de parler, la singulière idéalisation qu'il fait subir à la mort héroïque, devenant « Mort-par-amour ». Rechercher les dangers *pour l'amour d'une dame*, revenait, théoriquement à vouloir *mourir pour elle*. (Et l'on sait que jusqu'au règne d'Henri IV, les jeunes nobles qui se battaient en duel, dédiaient, pour ainsi dire, à leurs maîtresses, et leur vie et leur mort.) En retour, la Dame était censée protéger « magiquement » son amant en danger, lui inspirer *courage et valeur* (peut-être aussi, à l'origine, lui assurer une « bonne mort » : cf. les Valkyries de la mythologie germanique). Ces derniers traits sont les plus archaïques de l'amour chevaleresque[6]. Rappelons que chez les anciens Germains la *fille du chef* pouvait imposer de terribles épreuves, et que, dans la littérature néo-celtique irlandaise, l'homme noble choisi par la femme était placé parfois sous une *Geis*[7] qu'elle lui assignait, et qui pouvait amener sa mort...

---

6. La chevalerie peut être d'origine germanique, d'origine celtique, d'origine arabe. Ce sont les « traits » d'origine celtique qui se trouvent les plus nombreux dans les romans (surtout, évidemment, dans les romans « bretons »). L'institution, en elle-même, serait plutôt germanique ; mais il n'est nullement exclu que la civilisation arabe ait introduit – ou *revigoré* – les mythes qui la poétisent.

7. « La *Geis* est à la fois une demande-prière et une injonction défen-

L'*amour courtois* n'apparaît complètement constitué – et indépendant, somme toute, de l'amour chevaleresque – que dans la première moitié du XIIe siècle. Au contraire de l'amour chevaleresque, il implique absolument que l'amante soit *en possession d'un époux* et qu'elle soit d'un *rang social supérieur à celui de l'amant*. Ces deux conditions le rendaient à peu près nécessairement « platonique » (en théorie du moins). C'était une passion de poète et de galant homme, une amourette de cour ; c'était aussi une revanche idéale des pauvres poètes (souvent de « basse-extrace ») sur les grands seigneurs. (Et parfois les rivalités douloureuses qui s'élevaient entre troubadours et princes – cf. la « Vie » d'Arnaut de Mareuil – s'expliquaient par l'*opposition entre amour chevaleresque et amour courtois*.) Tout, dans l'amour courtois, est baissé d'un ton : *l'humilité* et la *mesure* y sont de rigueur, tandis que dans l'amour chevaleresque c'est quelquefois la *mesure*, mais le plus souvent, la *folie* ; le don magique que fait la dame à son amant, c'est de lui permettre d'acquérir, par elle, la valeur morale ou la parfaite courtoisie (et non plus la valeur guerrière, comme dans l'amour chevaleresque). La récompense que peut obtenir le poète courtois, c'est seulement un baiser, quelques menues faveurs ou gages d'amitié (et non, comme dans l'amour chevaleresque, la personne même de sa dame). Enfin, la mort par excès de langueur amoureuse remplace – métaphoriquement s'entend – pour l'humble et timide troubadour (cf. surtout l'œuvre d'Arnaut de Mareuil) la mort-par-amour, réelle, que les chevaliers recherchaient sur les champs de bataille. – C'est pourquoi l'amour courtois, quand il n'est pas pure galanterie, apparaît comme un

---

dant à une personne de faire – ou lui imposant de faire – sous peine de conséquences désastreuses ». Jean Marx, *La légende arthurienne et le Graal*, P. U. F., 1952, p. 81.

impossible amour, comme l'« espoir désespéré » et éternel des humbles soupirants. Il ne serait pas très différent de l'amour mystique, de la simple amitié d'âmes si, par ailleurs, il ne se fondait sur la contemplation, ardemment désirée, de la beauté nue : *c'est le corps féminin dévoilé qui stimule toutes les vertus*. Comme le disait saint Bernard : « necesse est ut cupiditas vel amor noster a carne incipiat » (*De diligendo Deo*, Patrol. Lat., v. 182, col. 998). D'où, parfois, des traits assez appuyés de rêverie morose, de délectation onirique. D'où, aussi, ces faveurs accordées par la dame, qui paraîtraient aujourd'hui bien osées : l'amant qui avait longtemps souhaité voir sa dame se déshabiller, finissait par être admis à son coucher ; il pouvait la « tenir dans ses bras ». Il est certain que sous l'influence de l'amour chevaleresque, beaucoup plus réaliste, l'amour courtois jouera de plus en plus avec le feu, jusqu'à ce que Montanhagol le ramène à son essence « humiliée ». Et c'est, à n'en pas douter, le mélange inévitable de ces deux conceptions érotiques qui, en certains cas, le rend si énigmatique, si difficile à interpréter.

La division ternaire que quelques troubadours théoriciens lui ont appliquée de très bonne heure (fin du XIIe siècle : avec Guiraut de Calanson) ne contribue guère à l'éclairer. Cette division ternaire, d'origine antique (rapportée à l'Amitié, elle figure dans Aristote et dans Cicéron) comprenait, en principe, un *amour pur*, un *amour mixte* et un *amour charnel*. Seulement nous ne savons pas à quoi correspondaient exactement les deux premiers degrés. L'amour pur était-il assimilé à l'amour *divin* ? L'amour « des Troubadours » correspondait-il à l'amour *mixte* ou à celui du premier degré ? À l'amour mixte vraisemblablement. Mais chevaliers et poètes ne devaient point l'entendre de la même façon. Tandis que l'amour chevaleresque pouvait passer pour «mixte» parce que tout en allant jusqu'à l'*acte*, il se trouvait idéalisé par la «valeur», l'amour courtois était réputé mixte pour une autre raison : bien qu'il fût à demi-charnel, il n'allait pas, en principe, jusqu'à l'«acte». De sorte que les frontières entre l'un et l'autre amour étaient vraiment peu nettes et, sans doute, vite franchies... Daude de Prades a parodié – ou peut-être sérieusement exposé, mais à sa façon[8] – cette division ternaire. Pour lui l'amour du 1er degré, c'est celui – pur et chaste et ennoblissant – de la Dame ; l'amour du 2e degré : un flirt – très poussé – avec une jeune fille libre ; l'amour du 3e degré : la passion toute charnelle... Comme rien ne prouve que l'interprétation (intéressée) fournie par Guiraut Riquier au Moyen Âge de la célèbre chanson de G. de Calanson, soit exacte, c'est-à-dire que l'amour du 1er degré y soit l'*amour de Dieu* ; celui du 2e, l'*amour de la mère*, et celui du 3e, l'amour charnel (ou mixte ?), il n'est pas impossible que G. de Calanson et Daude de Prades aient soutenu, en réalité, des théories assez voisines et, reconnaissons-le, aussi confuses l'une que l'autre. De toute façon il est difficile de nier que l'amour courtois, à la différence de l'amour chevaleresque, se soit voulu «*amour mixte*», c'est-à-dire «*charnel, sans aller jusqu'au fait*».

Dans son évolution historique, l'«Amour provençal» a présenté *cinq grandes étapes* :

1. La première est représentée par Guilhem IX d'Aquitaine (1071-1127), qui est le seul poète chez qui l'on trouve des traces d'une croyance en la vertu bénéfique directe du corps féminin. Ce troubadour, demeuré

---

8. Voir plus loin, p. 94. Daude de Prades, *Amors m'envid'e m somo*.

très païen, recherche dans l'amour une exaltation plus physique que spirituelle. Ce sont surtout les thèmes chevaleresques qui prédominent chez lui. Il ne laisse jamais entendre qu'il rêve d'impossible amour ou d'amour chaste. Cependant quelques rares indications[9] annoncent déjà l'« amour courtois ».

2. Les poètes Cercamon, Marcabru, Jaufre Rudel (milieu du XIIe siècle) forment un groupe à part. Ils ont écrit à une époque où la Doctrine d'Amour se cherchait encore à travers ses contradictions. Ils hésitent non seulement entre les tendances chevaleresques et les tendances courtoises (surtout Cercamon et Jaufre Rudel) mais surtout entre l'amour *courtois* et l'amour *divin*, c'est-à-dire entre les deux formes possibles de mystique : celle qui vient de l'Homme et celle qui vient de Dieu. Il est difficile, par exemple, de savoir si la pièce *Assatz er'oimai* de Cercamon est une chanson d'amour ou une chanson « pieuse » en l'honneur de la Vierge. Même ambiguïté chez Jaufre Rudel (*Belhs m'es l'estius*) à propos de laquelle on peut se demander si ce « pur amour qui ne trahit personne » (v. 35) ne serait pas l'amour divin[10]. Dans la pièce I *(Quan lo rossinhol el folhos)* figure un thème que l'on ne retrouvera qu'à la fin du XIIIe siècle et qui exprime l'idée que l'Amour, *s'il est bien le principe de toute vertu*, peut cependant amener l'amant à poursuivre son perfectionnement moral *en dehors de la femme*. C'est par amour, dans ce cas, que l'on renonce à l'amour, que l'on quitte sa Dame pour suivre Dieu à Bethléem (str. 6)[11]. La Femme n'est pas

---

9. Voir les chansons *Farai chansoneta nueva* et surtout *Móut jauzens me prenc en amar*.
10. Carl Appel a cru pouvoir soutenir que la « dame lointaine » était la Vierge Marie ! Mais dans le chanson « *Quan lo ríus* » le poète espère qu'il sera appelé un jour par cette dame *dins vergier o sotz cortina* (v. 13).
11. Cette chanson est relativement claire : str. 1-4 : *affirmation de la valeur d'Amour* ; str. 5 : *négation de l'amour par l'amour*. « Amour, je me

encore idéalisée au point de représenter le véritable salut de l'homme, et d'être, comme dans *Flamenca*, à la source même de l'amour divin. L'amour de la Dame laisse l'amant en chemin...

Chez Marcabru – contemporain de J. Rudel – la rupture est encore plus nette entre la Femme et l'aspiration au salut. L'amour courtois est bien près d'être ruiné dans son principe avant même d'avoir achevé de prendre forme. Ce poète, en effet, a mis la « caritas » chrétienne beaucoup plus haut que l'amour profane, *idéalisé ou non*. Il semble qu'il ait même combattu l'amour courtois plus ardemment que l'amour naturel, parce qu'il le trouvait plus dangereux. (Il prétend que ce commerce de galanterie est responsable de la multiplication de l'adultère et de la bâtardise.) On dirait qu'entre la nature – à laquelle il donne la place qui lui revient – et l'amour divin, il ne veut point admettre cet amour « mixte », se voulant *à la fois naturel et purificateur*, qui fera le fond de l'Amour provençal.

Si l'on pense donc que l'essence de l'amour courtois est une recherche de l'*absolu* en la Femme et en la Femme seule, il est clair que cette théorie n'était encore bien établie ni chez Cercamon, ni chez Jaufre Rudel, ni chez Marcabru[12].

---

sépare de vous avec allégresse, parce que je vais cherchant mon mieux » ; str. 6 : *L'amour divin est supérieur à l'amour de la Dame* ; « Et qui reste par-deçà dans les plaisirs et ne suit pas Dieu à Bethléem, je ne vois pas comment il pourra jamais être preux ni atteindre son salut, car je crois et sais, par ma foi, que celui que Jésus instruit, suit une voie sûre. » (J. Rudel part à la croisade de 1147.)

12. La cause en est peut-être que chez ces trois poètes – au moins chez les deux derniers, *la foi chrétienne* était plus ardente – du fait même des circonstances – que l'*idéalisme amoureux*. Pour Marcabru – et même pour Jaufre Rudel – la *purification* par la mort glorieuse aux *croisades* (cf. « Le chant du lavoir », de Marcabru) était beaucoup plus propre que la simple amélioration morale due à l'Amour, à assurer le salut de l'âme. J. Rudel diffère de Marcabru en ceci qu'il rattache déjà à l'*Amour* – plus ou moins directement – ses aspirations religieuses, tandis que Marcabru sépare

3. De Bernart de Ventadour, au contraire, à Montanhagol (période «albigeoise») la doctrine de l'Amour, définitivement constituée et fixée, présente désormais une certaine homogénéité. Les tendances chevaleresques y sont en recul; aucune trace de mystique autre que naturaliste; séparation radicale entre la poésie amoureuse et la poésie religieuse. L'amour est devenu le principe et la fin de toutes les vertus, l'origine et le point d'aboutissement du perfectionnement moral. À cette période appartiennent la plupart des grands troubadours. C'est d'après eux que nous avons défini, dans ses lignes essentielles, la doctrine qui nous occupe.

4. Après la répression de l'hérésie cathare, les théories d'Amour – que les cathares avaient peut-être contribué à répandre – devinrent suspectes à l'Église romaine, qui prétendit d'abord, *sans s'attaquer tout de suite à la «doctrine»*, combattre le luxe des femmes et la galanterie de cour. C'est alors que Montanhagol, voulant défendre les conceptions de ses prédécesseurs contre le zèle des dominicains inquisiteurs, se trouva amené à souligner, à exagérer un peu, le caractère moralisateur de l'Amour, et divers aspects des théories des troubadours qui n'avaient peut-être pas été aperçus de la génération de 1200. Il rappelle notamment avec énergie que l'Amour est principe de vertu et que *de lui procède Pureté*. Il ne se rendait pas compte que ce qui alarmait l'Église, c'était précisément que l'*amour fût un principe naturel de vertu* (voir section 6, Montanhagol, notice).

5. Le 7 mars 1277, l'évêque de Paris condamna le Traité d'André le Chapelain, *De amoribus* et, par conséquent, les propositions, à peu près identiques, qui

---

radicalement l'Amour – qui appartient à la nature – du seul principe de vertu qu'il reconnaisse et qui est l'amour de Dieu.

se trouvaient chez les troubadours. Dès lors il fut interdit aux poètes de chanter l'amour adultère, «l'amour des Dames». Ils n'eurent plus le droit que de célébrer les vertus des jeunes filles qu'ils voulaient épouser. L'amour provençal était, de ce fait, anéanti dans son principe. Il se décomposa selon ses tendances divergentes : ce qui, en lui, était nature, retourna à la nature ; ce qu'il recélait d'aspirations mystiques inspira désormais les «chansons à la Vierge» (celles de G. Riquier, par exemple). Quant à l'adoration de la Femme, elle fut strictement incluse dans les limites du courtisement prénuptial (le grand dessein de Matfre Ermengau consistera à faire tenir tout l'amour courtois dans le temps des fiançailles). Enfin les troubadours de l'école de Toulouse (début du XIVe siècle) célébreront – en vers très fades – poliment les dames et cérémonieusement la Sainte Vierge.

C'est ainsi que s'éteignit une doctrine d'Amour, dont l'Église Romaine avait parfaitement compris le caractère essentiel, qui est d'être un «naturalisme» presque radical et, de ce fait, *hérétique*. En dehors du catholicisme romain, et sans doute aussi en marge du catharisme – les troubadours avaient pressenti qu'il y avait dans l'homme un principe instinctif de «générosité» (l'aiguillon, dont parle Rabelais, qui pousse au *Bien* les âmes bien nées); ils ont essayé parfois – timidement et maladroitement – de fonder une sorte de morale sur cette notion d'Amour élargie jusqu'à la fraternité universelle : ils n'y ont pas réussi. Mais pénétrés de l'idée que toute vertu – y compris l'amour de Dieu – procédait de ce mouvement charnel, de cette force d'amour qui a sa source dans le désir physique, mais aspire aussitôt à l'union des âmes, ils ont adoré la Femme, naïvement et mystiquement – comme un *espoir terrestre*.

L'amour « provençal » n'a point disparu sans laisser des traces profondes dans tous les domaines pénétrés par sa doctrine. Il a créé la politesse occidentale, la galanterie masculine; il a suscité indirectement la préciosité du XVIIe siècle... Dans la mesure où il était chevaleresque, héroïque et maître de ses élans, il a inspiré le code amoureux et galant de la noblesse française, jusqu'au *Cid*. Dans la mesure où il était magique et mystique, il a créé l'amour-passion. Dans la mesure où il était aspiration vers la Pureté, il a préparé la Poésie italienne du XIIIe siècle et, par Dante et le « Dolce stil nuovo », il influence encore la Poésie moderne. Dans la mesure enfin où *il est confiance en la Nature et en l'Homme*, il demeure le seul principe sur quoi puisse se fonder une *mystique positiviste* (Auguste Comte en a repris à peu près toutes les données) et une *morale du cœur*.

L'Amour fournit presque exclusivement les thèmes de la lyrique occitane, dont les petits genres – purement lyriques *(cansos, planhs)* ou lyrico-objectifs (pastourelles) ou lyrico-dramatiques *(tensos, jeux partis)* se laissent ramener aux types suivants.

1. La *canso* ou chanson, qui correspond à l'ode antique, et somme toute, à l'ode moderne, est le plus noble des petits genres. Elle est toujours consacrée à l'amour[13]. Du point de vue formel, elle se compose, le plus souvent, de 5 à 6 strophes bâties toutes, à partir du

---

13. Les « chansons » sont moins monotones qu'on ne l'a dit. Certes, ce qui en fait le fond, c'est l'éternelle plainte de l'amant, son admiration pour la dame ; (on y trouve souvent des allusions au « médisant » (*losengier*) qui, dans la *société réelle*, devait être un sceptique de l'Amour, toujours prêt à proclamer que la *liaison courtoise* de la Dame et de l'ami était, en réalité, moins *platonique* qu'ils ne voulaient le laisser croire). Mais les circonstances où le poète est placé présentent une grande variété.

XIIe siècle, sur les mêmes rimes *(coblas unissonans)*. Les strophes admettent des vers de mesure diverse, mais généralement de 6 à 8 syllabes, moins souvent de 10, et leur longueur est très variable (8 à 10 vers). Les chansons sont terminées par 1, 2 ou parfois 3 *tornadas*, appelées traditionnellement « envois », mais dont le nom signifie exactement « retours » ; en effet elles rappellent (elles « ramènent ») par leur structure rythmique la fin de chaque strophe, et s'adressent (sont « envoyées ») non pas à la femme chantée dans le poème, mais à un protecteur (ou protectrice), à un ami (ou une amie). Cet « envoi » mentionne assez souvent le jongleur chargé de transmettre et de chanter les paroles sur l'air « trouvé » aussi par le poète[14].

La *sextine* est une variété de « canso », inventée par Arnaut Daniel : 6 strophes de 6 vers. Les mêmes mots-rimes reviennent à la fin de chaque strophe, dans un ordre différent, strictement déterminé.

La *retroensa* est une chanson à refrain, et la *canso redonda* une chanson à strophes de structure variée. Le « sonnet » est lui aussi une variété de chanson (on n'en connaît que deux exemples dans la littérature d'oc[15] : ce sont sans doute les plus anciens de tous les sonnets conservés). Le *lai* est une chanson d'origine bretonne

---

14. Ces mélodies sont « chantées en solo, peut-être accompagnées à l'unisson de la vielle (l'ancêtre du violon), par un autre musicien quand il y en avait un » (Jean Beck). Nous avons conservé 264 de ces mélodies (sur environ 2 000 chansons). On en trouvera 48 transcrites en notation moderne dans l'admirable livre d'Higini Anglès, *La Música a Catalunya fins al segle* XIII, Barcelona, 1935 (pp. 353-410). Cf. le petit livre de J. Beck, *La Musique des Troubadours*, Henri Laurens, Paris, 1910, et le bref mais pénétrant article d'Henri Davenson (H. Marrou), sous le même titre, dans *Le Génie d'Oc* (« Cahiers du Sud », 1943), pp. 93-98.

15. Ils sont dus à un troubadour florentin, Dante da Maiano (fin du XIIIe siècle), auteur de poésies italiennes. Un de ces sonnets figure dans la *Chrest.* de Bartsch, 6e éd. col. 345, l'autre dans Monaci, *Testi antichi provenzali*, Roma, 1889.

dont il n'y a que trois exemples en oc[16]. Le *devinalh* est une canso dont le contenu renferme un non-sens ou des jeux de mots incohérents. Enfin le *descort* est une pièce dont les couplets doivent être différents de structure, de rimes et de mélodie ; parfois aussi de langage (l'un des deux « descorts » de Raimbaut de Vaqueiras est en provençal, italien, français, gascon et portugais[17]). C'est une « canso » discordante.

2. L'*aube* se rattache à la « canso » en ceci qu'elle est indirectement un poème d'amour. Deux amants qui ont passé la nuit ensemble sont éveillés par le cri du guetteur – ou l'appel d'un ami – et déplorent que leur bonheur ait été si court. La *serena* – dont on ne connaît qu'un exemple, de Guiraut Riquier (que nous donnons) – présente le même thème, retourné. L'amant s'y plaint de ce que le soir du rendez-vous soit trop lent à venir.

3. Le *sirventès* (chanson de *sirven*) – qui reproduit la mélodie et la structure ou « compas » et, facultativement, les rimes d'une chanson antérieure – se distingue de la « canso » par son contenu ; il traite de blâme : attaques personnelles, satire morale, satire politique. L'*endemessa* (« élan, assaut » poétique) est, théoriquement, un sirventès à refrain ; ce genre est représenté par un seul exemple, de Tomier et Palaizi[18].

---

16. Voir le « lai » en strophes de structure et de rimes diverses, de Bonifaci Calvo dans Appel, *Chrest.*, n° 38 : *Ai Dieus! s'a cor qe-m destreigna.*

17. *Eras quan vei verdejar*, dans le recueil d'anciens textes de P. Meyer et les chrestomathies d'Appel, Crescini, Cavaliere, R. de Vaqueiras a écrit aussi une *canso* en provençal et en génois. Un *descort* du troubadour Bonifaci Calvo est en provençal et portugais (Appel, *Chrest.*). Bartsch, *Grundriss*, p. 38, rattache le descort au « lai » et aux séquences latines.

18. Ces deux chevaliers tarasconnais – peut-être frères – l'ont écrit durant le siège d'Avignon (1226) par le « faux croisé » Louis VIII, pour soutenir le moral des assiégés par la promesse d'un secours (Pièce analysée par Jeanroy, *Poésie lyrique des Troubadours*, II, 218 ; insérée dans Appel, *Chrest.*, p. 107).

4. Le *planh* (planctus), genre essentiellement lyrique, est une élégie sur la mort d'un personnage regretté (une femme aimée, un chevalier estimé, un protecteur). Peu à peu l'inspiration se fit plus conventionnelle, et quelques *planhs* ont une allure de sirventès ou de poèmes moralisateurs.

5. La *tenso* (du bas-lat. : *tentionem*, « discussion ») est un dialogue où l'un des interlocuteurs doit soutenir l'opinion contraire à celle qu'on lui propose, ou l'une de celles qui ont été proposées comme objet du débat («*partimen*» ou «jeu parti»). Ces petits poèmes qui n'étaient peut-être à l'origine qu'un jeu de société, ont beaucoup d'intérêt pour l'histoire de la littérature, celle des mœurs et celle de l'Amour. Comme le débat était parfois renvoyé devant des juges (barons, nobles dames), on a pu croire – à tort – que ces juges formaient de véritables tribunaux ou « cours d'amour ».

6. La *romance* (chant en « roman ») est le récit d'une aventure amoureuse. Quand l'héroïne est une bergère (gardeuse de moutons, d'oies, de vaches, etc.) on l'appelle *pastourelle*. Bien que ces poèmes traduisent parfois une réaction de la paysanne simple, franche, honnête, contre la corruption mondaine et l'« amour de tête », ils ne constituent pas un genre populaire « traditionnel ». Ils ne sont qu'une transposition de l'amour courtois dans un décor rustique.

7. La *danse* et la *ballade* ont été peu cultivées en Occitanie, sauf au XIIIe siècle, où la *danse* a repris quelque faveur. La danse doit avoir 3 strophes et un refrain. Les vers sont, en principe, de 8 syllabes ; mais Guiraut d'Espagne ne se plie pas à cette règle qui ne deviendra stricte qu'au temps des *Leys d'Amors*.

La *ballade* ressemble à la danse, étant aussi une poésie « à danser ». Elle admettait un nombre indéterminé de strophes – quelquefois une dizaine – et un refrain. Le *bal* est une variante de ballade à strophes multiples.

On trouvera dans le présent ouvrage un ou plusieurs exemples de chacun de ces poèmes, à l'exception des genres suivants, peu importants : *descort, lai, bal, endemessa, retroensa, canso redonda, sonnet, devinalh*[19].

Quelques genres ne se distinguent point de la *canso*, sinon par leur signification : *Escondig* (« dénégation », justification), *comjat* (congé)... Enfin les « Leys d'Amors » citent des genres comme le *somni*, la *vezio* (songe, vision) qui sont des « possibles » et n'ont jamais été représentés par des œuvres spéciales.

NOTA. – Nos textes lyriques sont – à l'exception de trois signalés ci-après – tirés de J. Audiau et R. Lavaud, *Nouvelle Anthologie des Troubadours*, Paris, Delagrave, 1928, où sont indiquées les éditions antérieures utilisées. Les traductions de cet ouvrage sont souvent empruntées à Alfred Jeanroy, notamment à son *Anthologie des Troubadours* (traduction seulement), Paris, La Renaissance du Livre, 1927. Le texte d'Audiau a été parfois modifié et assez souvent un sens nouveau a été adopté dans la présente traduction rythmée. – Autre provenance :

1. Peire Rogiers, *Douss'amiga no pusc mais*, texte tiré des *Troubadours Cantaliens*, par De la Salle de Rochemaure et René Lavaud, Aurillac, 1910, t. II, 478.

2. Daude de Pradas, *Amors m'envida e-m somo*, texte tiré des *Poésies de D. de P.*, par A. H. Schutz, Toulouse, Paris, 1933.

---

19. *Retroensa* (retro-ientia « qui revient en arrière », chanson à refrain) : un ex. de Guiraud Riquier, *Pus astres m'es donatz* (1270) dans Bartsch, *Chrest.*, p. 307. – *Canso redonda* (« chanson tournant en rond »), analogue à la sextine par le circuit des rimes, mais les mots à la rime changent ; ex. de G. Riquier, *En tot quant qu'ieu saupes*. – *Devinalh* (énigme), 2 ex. dans Appel, *Chrest.*, p. 82 ; ex. analogues de G. de Poitiers, *Farai un vers de dreyt nien*, Appel, *ibid.*, p. 80, et de G. de Borneil, *Un sonet fatz malvatz e bo*, *ibid.*, p. 80.

3. Anonyme, *A l'entrada del tens clar*, texte tiré, dans sa forme occitane, de Bartsch-Koschwitz (*Chrestomathie provençale*, x-xve siècle, 6e édition, Marburg, Elvert, 1904.)

René Nelli

Note pour la présente édition : l'essentiel des traductions ont été revues et corrigées voire largement remaniées par Henri Gougaud.

1. L'AMOUR ET LA POÉSIE

ANONYME

Ballade

Au mois d'avril, avec le printemps, reprennent les danses de plein air des jeunes filles ou femmes, et des jeunes « bacheliers ». Ces rondes s'accompagnent de chants à voix nue, avec refrains et nombreuses répétitions de mots. À un – ou une – soliste répond le chœur. Nous donnons ici le plus célèbre de ces chants à danser.

À l'entrée du temps joli
Pour réveiller l'allégresse
Et assombrir le jaloux
La reine a voulu montrer
Comme elle est amoureuse.

Refrain :
Au large, jaloux, au large
Laissez-nous, laissez-nous
Danser entre nous, entre nous !

Partout elle a ordonné
Que d'ici la mer il n'y ait
Pucelle ni bachelier
Qui ne prenne son plaisir
À la danse joyeuse.

(Refrain)

Mais voilà le roi qui vient
Pour désaccorder la danse
Car il est en grand émoi.
Il craint fort qu'on lui enlève
Cette reine avrileuse !

(Refrain)

Il se démène pour rien,
D'un barbon elle n'a que faire.
Un fringant joueur de mots
Voilà plutôt ce que veut
La dame savoureuse.

(Refrain)

Qui donc la verrait danser
Voluptueuse, ondulante
Pourrait dire sans mentir
Qu'elle est sans rivale au monde
Cette reine joyeuse !

(Refrain)

ANONYME

Aube

Cette « aube » (chant du matin) est considérée comme l'une des perles de la poésie provençale.

En un verger sous la fleur d'aubépine
La Dame tient près d'elle son ami.
Le guetteur crie que le soleil se lève.
Mon Dieu, mon Dieu comme l'aube vient tôt !

Qu'il plaise à Dieu que la nuit s'éternise,
Que mon ami ne s'éloigne de moi
Que le guetteur ne voie poindre le jour.
Mon Dieu, mon Dieu comme l'aube vient tôt !

Beau doux ami embrassons-nous encore
Au fond du pré où chante la feuillée
Fais-moi du bien, au diable le jaloux !
Mon Dieu, mon Dieu comme l'aube vient tôt !

Beau doux ami faisons un jeu nouveau,
Dans ce jardin où chantent les oiseaux,
Tant que le guet ne joue de son pipeau !
Mon Dieu mon Dieu comme l'aube vient tôt !

Dans l'air léger qui me vient du lointain
De mon amant fringant et tendre et gai

J'ai bu d'un trait le souffle délicieux.
Mon Dieu mon Dieu comme l'aube vient tôt !

Gracieuse elle est cette dame, et plaisante.
Pour sa beauté l'admirent maintes gens,
Et son cœur sait ce qu'est amour loyal.
Mon Dieu mon Dieu comme l'aube vient tôt !

GUILLAUME DE POITIERS
Chanson

Neuvième duc d'Aquitaine, septième comte de Poitiers. Né en 1071, il est le premier troubadour connu. Il se croisa en 1101-1102. L'Église l'excommunia à plusieurs reprises pour ses mœurs relâchées et ses empiètements sur les droits ecclésiastiques. Chez ce poète encore plein d'un amour tout païen pour la beauté physique, les théories « courtoises » de la valeur d'Amour sont cependant déjà nettement ébauchées.

>Je ferai chansonnette neuve
>Avant qu'il vente, gèle ou pleuve.
>Ma dame me tente et m'épreuve
>Pour savoir quel amour me tient.
>Malgré les peines qui m'émeuvent
>Je ne dénoue pas ses liens.
>
>Je me rends à elle et me livre,
>Elle peut m'inscrire en ses livres,
>Ne croyez pas que je sois ivre,
>Désir de ma Dame me tient.
>Sans elle je ne peux pas vivre.
>De son amour j'ai si grand faim !
>
>Vous êtes plus blanche qu'ivoire,
>Je vous adore et vous veux boire,
>Je veux bien mourir de mort noire

Si je n'ai secours d'amour vrai.
Par la tête de saint Grégoire
Au lit ou sous l'arbre, un baiser !

Que gagnerez-vous jolie Dame
À me tenir loin de votre âme ?
Ne jouez pas la sainte femme !
Sachez donc, tant je vous chéris,
Que je crains dur tourment de larmes
Si vous n'entendez pas mon cri.

Je sombrerai en patenôtres
Si vous ne me tenez pour vôtre.
Toute la joie du monde est nôtre
Bonne dame, si vous m'aimez.
Je te prie, mon ami Daurostre
De chanter ces vers sans bramer !

Car pour elle j'ai froid, je tremble
Tout amour en elle s'assemble,
Il n'en est point qui lui ressemble
Dans la lignée du père Adam.

Chanson

Dans la douceur du temps nouveau
Les bois verdissent, les oiseaux,
Chacun dans son langage, chantent
Les vers plaisants du renouveau.
Il faut bien que tout être cherche
À satisfaire son désir !

Ne me viennent du lieu béni
Ni message ni lettre close,
Et mon cœur ne dort ni ne rit.
Accourir vers elle je n'ose

Tant que j'ignore en vérité
Si nos cœurs sont bien accordés.

Ainsi va-t-il de notre amour
Comme la branche d'aubépine
Tout au long de la nuit, tremblante
Elle endure le froid, la pluie,
Le lendemain vient le soleil
Sur la feuille et le rameau vert.

Je me souviens d'un beau matin
Où nous mîmes fin à la guerre.
Elle me fit le don, ce jour-là
De son amour, de son anneau.
Dieu veuille que je vive assez
Pour passer les mains sous sa cape !

Peu m'importe ce que l'on dit
Pour me pousser à fuir Voisine.
Je sais ce que valent les mots,
Et comment ils vont çà et là.
D'autres d'amour se gargarisent
Moi j'en ai la chair et le dard.

CERCAMON
Chanson

Ce jongleur, probablement originaire de la Gascogne, a exercé son activité poétique en Poitou et en Limousin de 1135 à 1145 environ. Il fut peut-être le maître de Marcabru. Il nous reste de lui sept poèmes.

> Quand la douce brise s'aigrit,
> Que les feuilles tombent des branches,
> Que le babil de l'oiseau change,
> Je soupire et chante l'amour,
> Car il m'a pris dans ses filets,
> Moi qui n'ai jamais su le prendre.
>
> Hélas ! d'amour je n'ai gagné
> Que des tortures et des angoisses.
> Mon désir s'élance vers vous
> Mais il ne peut pas vous atteindre
> Et rien ne me fait plus envie
> Que ce qui s'éloigne de moi.
>
> Tant m'enchante la pure perle
> Que je n'aime rien autant qu'elle,
> Mais je ne peux, tant elle m'émeut,
> Devant elle dire ma peine
> Car si je le fais, je crois bien
> Que je n'aurai plus cœur ni tête.

La plus belle femme auprès d'elle
Que vaudrait-elle ? Un doigt de gant !
Que l'univers tombe dans l'ombre,
Autour d'elle tout resplendit.
Dieu m'accorde de l'approcher
Et de la voir à son coucher !

Que je dorme ou veille je tremble,
Je tressaille et frémis d'amour.
Si grande est ma peur d'en périr
Que je n'ose pas la prier.
Deux, trois ans je la servirai
Puis lui dirai le vrai, peut-être.

Je ne peux vivre ni mourir,
Ni guérir du mal qui m'accable.
Comment puis-je d'elle jouir ?
Je ne suis pas devin. Mystère !
Elle est celle qui peut m'abattre
Ou m'élever quand elle le veut.

J'aime fort qu'elle me rende fou,
Qu'elle me laisse là, nez levé,
Qu'elle rie de moi, qu'elle me bafoue
Autant en public qu'en privé.
Après le mal viendra le bien,
Je n'attends que son bon plaisir.

S'il tarde, que ne suis-je mort
À l'instant même où je la vis !
Hélas ! avec quelle douceur
M'ont tué ses beaux airs d'amour !
Elle me tient en telle prison
Que je ne veux en voir nulle autre.

Dans ma peine, seul réconfort :
Que je me taise ou la courtise
Par elle seule je serai
Fidèle ou faux, loyal ou fourbe,
Détestable ou vrai gentilhomme,
Impavide ou tremblant d'émoi.

Mais que cela déplaise ou non
Elle peut à son gré me garder.

Cercamon dit : n'est pas courtois
Celui qui d'amour désespère.

MARCABRU
Pastourelle

Ce jongleur et « soudoyer » gascon appartient à la première génération poétique (1129-1150 environ). Il eut pour premier protecteur le fils et successeur du comte-duc troubadour Guilhem VIII. Il résida dans diverses cours du midi de la France, puis à celle d'Alphonse VII de Castille (1126-1157). Tombé en disgrâce, il regagna la France. C'était un enfant trouvé, nous dit sa Biographie, mais elle se trompe en donnant Cercamon comme son maître en poésie. C'est au contraire Marcabru qui a influencé Cercamon. Il nous reste de lui quarante-cinq pièces qui valent presque toutes par l'énergie et le pittoresque du style.

L'autre jour près d'une haie
Je vis bergère ambiguë,
Joyeuse, pleine d'esprit,
Vêtue comme à la campagne
Coiffe, cape, houppelande
Chausses de laine, souliers,
Et chemise de treillis.

Je m'approchai par la plaine
Et lui dis : – fille jolie
Je crains que le vent vous pique !
– Seigneur me répondit-elle
Grâce à ma mère et à Dieu

Qu'importe s'il m'échevèle
Je me porte on ne peut mieux !

– Fillette à l'humeur si douce
J'ai quitté le droit chemin
Pour vous tenir compagnie.
Une jeune villageoise
Comme vous ne peut garder
Tant de bétail en ce lieu,
Seule, sans plaisant ami.

– Je sais bien, qui que je sois,
Distinguer sens et folie,
Dit la belle villageoise.
Réservez votre amitié
à celles qui s'en contentent
Car les crédules, à mon sens,
N'en auront pas de profit.

– Fillette de noble race,
Sûrement, d'un chevalier
Votre mère vous conçut
Villageoise mais courtoise.
De plus en plus je vous aime
Et votre joie m'illumine
Si vous m'étiez plus humaine !

– Sire, dit la jeune fille,
À la bêche et à l'araire
Ma famille fut tracée.
Mais pour ce qui vous concerne
Tel qui se dit chevalier
Devrait l'être assurément
Les sept jours de la semaine !

– Fillette, une aimable fée
Au berceau vous fit cadeau
D'une beauté qui surpasse
Celle des gens de chez nous.
Vous seriez doublement belle
Si je pouvais, une fois,
Vous voir dessous, moi dessus !

– Seigneur, dit la paysanne,
Vous m'avez si fort flattée
Que toutes vont m'envier.
Du rang où vous me hissez
Voici pour vous ce salaire :
Reprends tes airs ébaubis,
Tu perds ton temps, pauvre fou !

– Fillette, un cœur dur, sauvage,
S'apprivoise par l'usage.
À vous voir il m'apparaît
Qu'avec une villageoise
Comme vous peut se lier
Une amitié de bon cœur
Si l'un ne trompe pas l'autre.

– Sire, dit la paysanne
L'homme encombré de folie
Jure, promet et s'engage
Mais de semblables hommages
Ne donnent pas droit d'entrée
Je garde mon pucelage
Nul ne me dira putain !

– Fillette, les créatures
Vont toujours à leur nature.
Apprêtons-nous, vous et moi,
À nous accoler ensemble

À l'abri, le long du pré.
Vous y serez à votre aise
Pour faire la chose aimée.

– Allons, seigneur, on sait bien
Que le fou cherche folie,
Le courtois belle aventure
Et le paysan sa mie.
Comme disent les anciens :
« Défaut de juste mesure
Fait la ruine du bon sens. »

– Belle, je n'ai jamais vu
Plus friponne de figure
Et plus traîtresse de cœur !

– Seigneur écoutez la chouette.
Elle dit : « l'un baye aux corneilles
Et l'autre espère profit ! »

JAUFRÉ RUDEL
Chanson

Jaufré Rudel, prince de Blaye, suivit en 1147 Louis VII et Alphonse-Jourdain, comte de Toulouse, à la Deuxième croisade, et il est probable qu'il n'en revint pas. Quelques vers énigmatiques sur l'« amor de lonh », commentés et développés par la biographie provençale, ont accrédité la légende qu'il s'était énamouré d'une princesse de Tripoli (Hodierne, femme de Raimon II) sans l'avoir vue, qu'il partit pour lui offrir son amour et qu'il mourut dans ses bras en arrivant au port. De Jaufré Rudel nous restent six chansons.

> Quand la source du ruisseau
> S'éblouit de soleil neuf
> Quand naît la fleur d'églantier
> Quand au bois le rossignol
> Module, affine, répète
> Sa chanson qu'il veut parfaite,
> Je reprends le mien refrain.
>
> Amour de terre lointaine
> Pour vous j'ai le cœur dolent.
> À mon mal point de remède
> Si l'amie tant désirée
> Par attrait, par soif d'union,
> Ne m'appelle à l'unisson
> En chambre close ou verger.

Si mon cœur reste impuissant
Puis-je m'étonner qu'il brûle ?
Dieu n'a pas voulu qu'on vît
Jamais plus belle chrétienne,
Ni Juive, ni Sarrasine !
Pour qui goûte à son amour
C'est festin tombé du ciel.

Éternelle soif du cœur !
À elle seule j'aspire.
Mais si me prend convoitise
Mon désir sera douleur
Car plus piquant que l'épine
(Allons, je ne m'en plains pas !)
Est ce mal que Joie guérit.

Sans lettre ni parchemin
J'envoie ces vers à chanter
En simple langue romane
À Uc le Brun, par Filhol,
Et que les gens du Poitou,
Berry, Guyenne et Bretagne
Aient plaisir à les ouïr.

Chanson

Quand les jours s'allongent en mai
Me plaît un chant d'oiseaux lointain
Et de ce doux lieu éloigné
Me revient un amour lointain.
Je vais pensif les yeux baissés,
Chant dans l'arbre et fleur d'églantier
Me sont comme gelée d'hiver.

J'ai foi en Dieu le Seigneur vrai.
Je verrai donc l'amour lointain.
Mais pour un bien qui m'en échoit
J'ai deux maux, tant il m'est lointain.
Si j'étais au loin pèlerin
Ses beaux yeux peut-être verraient
Mon bourdon et ma couverture !

Quel plaisir de lui demander,
Au nom de Dieu, abri lointain !
Et s'il lui plaît je logerai
Tout près d'elle, moi le lointain.
Quels mots charmants nous nous dirons,
Et quelle paix nous en aurons,
Ami lointain si proche d'elle !

Triste et joyeux je quitterai
(si je la vois) l'amour lointain.
Je ne sais quand la reverrai,
Car nos pays sont trop lointains.
Si nombreux sont chemins et routes !
Comment savoir ce qui viendra ?
Qu'il en soit comme Dieu voudra !

Jamais d'amour ne jouirai
Si je n'ai cet amour lointain.
Je n'en sais plus doux ni meilleur,
D'aucune part, proche ou lointain.
Son mérite est d'un si grand prix
Que je voudrais me trouver pris
Au loin en terre sarrasine.

Dieu qui fit toutes choses vives
Et créa cet amour lointain
Qu'Il veuille ce que veut mon cœur
Voir un jour cet amour lointain

En vérité, où que ce soit
Moindre chambre ou moindre jardin
Me seraient toujours un palais !

Quelqu'un m'appelle et c'est bien vrai
L'homme au désir d'amour lointain
Car nulle autre joie ne me plaît
Comme jouir d'amour lointain
Mais mon désir m'est ennemi
Mon parrain me l'avait promis
Je suis amant sans être aimé

Mais mon désir m'est ennemi
Que maudit soit qui a voué
Mon cœur à n'être point aimé !

RAIMBAUT D'ORANGE
Vers

Raimbaut, grand seigneur d'Orange, est le plus ancien des troubadours provençaux proprement dits. Il écrivit à partir de 1150 et mourut vers 1173. Comme Marcabru, Arnaut Daniel et quelques autres, il fut un partisan du « trobar clus » (recherche de la virtuosité formelle). S'il est parfois obscur, il est certain qu'il a de l'éclat et du style. Son œuvre se compose d'une quarantaine de poèmes.

>Je sais fort bien parler d'amour
>Au profit des autres amants
>Mais pour moi, qui m'importe tant,
>Je ne sais dire ni conter.
>Rien ne me vient, pas plus louange
>Que railleries ou mots pointus.
>C'est qu'en amour je suis ainsi :
>Trop bon, trop franc et trop sincère.
>
>J'enseignerai donc la manière
>D'aimer aux autres amoureux.
>Et s'ils croient mon enseignement
>Ils me devront bien des conquêtes !
>Qu'on pende ou brûle sans tarder
>Quiconque ne me croira pas,
>Et gloire à ceux-là qui sauront
>Se servir des clés de ma science !

Voulez-vous conquérir les dames
Qui vous feront peut-être honneur ?
Si leurs propos sont méprisants,
Faites les gros yeux, menacez !
Si elles se font trop insolentes,
Frappez-les du poing sur le nez !
Soyez aussi durs qu'elles sont.
Grand mal à elles, à vous grand paix !

Voulez-vous encore savoir
Comment conquérir les meilleures ?
Par méchants mots, par vantardises
Chants mauvais que vous leur ferez.
Honorez les pires de toutes,
Tentez d'égaler leurs défauts,
Veillez à ce que vos logis
N'aient pas l'air d'austères églises.

Ainsi vous aurez du succès.
Moi, j'agirai d'une autre sorte
Car il ne me plaît pas d'aimer.
Je ne veux pas plus en souffrir
Que si toutes étaient mes sœurs.
Je serai donc sûr et précieux,
Soumis et modeste, loyal,
Doux, amoureux, fidèle et tendre.

Mais gardez-vous de m'imiter,
Ma conduite sera folie !
Ne soyez pas comme je suis,
Tenez-vous-en à ma leçon,
Si vous ne voulez pas souffrir
De peines et pleurs infinis.
Si je voulais les courtiser
Je serais dur, rude, teigneux.

Sûr, j'ai le droit d'être moqueur
Car – ce n'est pas à mon honneur –
Je n'aime rien. Qu'est-ce qu'aimer ?
J'ai un anneau, là, à mon doigt.
Il a fait ma joie, mais silence !
Tais-toi, ma langue, trop parler
Fait plus de mal qu'un grand péché.
Je tiendrai donc mon cœur bien clos

J'ai une Belle qui sait lire.
Tel est son prix, son dévouement,
Qu'aucun mal ne me viendra d'elle.
Ce poème est fait, qu'il s'en aille
À Rodez, dont je suis vassal.

BERNARD DE VENTADOUR
Chanson

Né au château de Ventadour, en Corrèze, Bernard était le fils d'un humble serviteur. Son seigneur, Èble II, le distingua et lui apprit l'art des vers. Mais son fils, Èble III, crut s'apercevoir que sa femme Marguerite de Turenne éprouvait pour le troubadour de trop tendres sentiments. Elle fut répudiée, et le jeune Bernard, chassé. Il rejoignit en Angleterre Aliénor d'Aquitaine, devenue femme du roi Henri II. Revenu en Occitanie, il se retira à la cour de Raimon V, comte de Toulouse. À la mort du comte, en 1194, il se fit moine à l'abbaye de Dalon, en Dordogne, où il mourut. Nous avons de lui quarante chansons.

Le temps va et vient et vire
Par jours par mois et par années.
Moi je ne sais plus que dire,
J'ai toujours même désir.
Il est unique, immuable :
Je n'ai voulu, ne veux qu'elle
Qui ne fait pas mon bonheur.

À elle joie et beauté,
À moi douleur et dommage.
À ce jeu que nous jouons
Je suis doublement perdant.
Est perdu pour qui l'endure

Amour donné sans retour
Et sans espoir d'accordailles.

Je me blâmerais moi-même
À bon droit : jamais mortel
Ne voudrait servir ainsi
Sa Dame sans récompense.
« Fou ne craint qu'après les coups ! »
Ma folie débordera
Si je ne peux la guérir.

Jamais plus ne chanterai.
Je renonce aux leçons d'Èble,
Mon chant ne me sert de rien,
Ni mes airs ni mes refrains.
Quoique je fasse ou je dise
Je ne vois nulle lumière.
Tout se tourne contre moi !

Si j'ai l'air d'être joyeux,
Dolente au fond est mon âme.
Vit-on jamais pénitence
Venir avant le péché ?
Je prie pour rien la méchante.
Si son cœur reste fermé
Il me faudra la quitter.

Mais non, je la veux princière.
Que mon cœur lui soit soumis !
Certes, injuste est son mépris
Mais la pitié lui viendra,
Et comme dit l'Écriture
Un seul jour de vrai bonheur
Assurément en vaut cent !

Point ne quitterai ma Dame
Tant que j'aurai vie et sens.
Quand il a vigueur au vent
Longtemps l'épi se balance !
Je ne vais pas la blâmer
De jouer avec le temps
Si demain la voit meilleure !

Amour vrai, si désirable,
Corps bien fait, leste, ondulant,
Visage aux fraîches couleurs,
Vous que Dieu fit de ses mains
Vous êtes tant désirée
Que je n'ai plaisir à voir
Personne d'autre que vous !

Douce Dame si courtoise
Que Dieu qui vous fit si belle
M'offre la joie que j'attends !

Chanson

Il est naturel que je chante
Mieux que tous les autres chanteurs,
Car mon cœur n'est rien qu'Amour
Et j'obéis mieux à ses ordres.
Mon âme, mon corps, mon savoir,
Mes sens, ma force et mon pouvoir
Lui sont tout entiers dévoués.
Ils ne servent pas d'autre cause.

Est comme un mort qui ne ressent
Douce saveur d'amour au cœur.
À vivre sans ce haut désir
On ne fait qu'ennuyer les gens !

Que Dieu m'épargne le malheur
De m'imposer un mois, un jour
D'insupportable fâcherie
Avec le beau désir d'amour !

De bonne foi sans tromperie
J'aime la plus belle et meilleure.
Je l'aime trop, pour mon malheur !
Mon cœur soupire et mes yeux pleurent.
Qu'y puis-je, si l'amour m'a pris,
Si la prison où il m'a mis
À pour seule clé la merci
Qu'en elle je ne trouve point ?

Cet amour me blesse le cœur
D'une saveur si délicieuse
Que si, cent fois par jour, je meurs
Cent fois la joie me ressuscite.
C'est un mal si bon à souffrir
Que je le préfère à tout bien.
Quelle douceur après la peine
Me donne ce malheur d'aimer !

Ah Dieu ! que ne peut-on trier
D'entre les faux les amants vrais ?
Tous ces flatteurs, tous ces perfides
Que ne portent-ils corne au front ?
Je donnerais tout l'or du monde
Et tout l'argent, si je l'avais,
Pour que ma dame sache bien
Combien je l'aime joliment !

Quand je la vois, tout en témoigne :
Mes yeux, mon front et ma pâleur.
La crainte me fait frissonner
Comme la feuille sous la brise

Et je redeviens un enfant.
Voilà comment Amour m'a pris.
Ah ! que d'un homme ainsi conquis
Ma dame veuille avoir pitié !

Ma dame je ne vous demande
Que d'être votre serviteur.
Je veux vous servir en seigneur
Quelle que soit la récompense.
Me voici donc tout à vos ordres,
Cœur noble et doux, joyeux, courtois.
Vous n'êtes point ours ou lion
Pour me tuer, si je me rends !

À ma belle, là où elle est
J'envoie ce chant. J'ai bien tardé,
Mais qu'elle n'en soit pas trop fâchée.

Chanson

Mon cœur est si plein de joie
Qu'il trompe Nature.
Le frimas, qu'est-il pour moi ?
Blanche fleur, jaune, vermeille.
Plus il vente, plus il pleut
Plus je suis heureux.
Ma valeur grandit aussi
Et mon chant s'épure.
Mon cœur est tant amoureux
Tant pris de joie douce
Que gelée me semble fleur
Et neige verdure.

Je puis aller sans habits,
Nu dans ma chemise,
Car me garde pur amour

De la froide bise.
Mais est fou qui sans mesure
Passe la raison.
J'ai donc souci de moi-même
Dès lors que je prie
D'amour vrai la toute belle
Dont j'espère tout,
Car pour un pareil trésor
Je donnerais Pise !

Elle me refuse amitié
Mais je garde foi,
Car d'elle au moins j'ai gagné
La joie de la voir.
Et tant d'aise est dans mon cœur
Que séparé d'elle
Je ne pense qu'au bonheur
De la retrouver.
Mon âme est tout près d'Amour
Toute en sa présence,
Mais hélas mon corps est loin
Bien loin d'elle, en France

Je garde bonne espérance
(qui m'aide bien peu)
Car mon âme hélas balance
Comme nef en mer.
Du souci qui me harcèle
Comment m'abriter ?
La nuit venue il me jette
Au bas de mon lit.
J'endure plus de chagrins
Que Tristan l'amant
Qui souffrit mille tourments
Pour Yseut la blonde.

Ah Dieu ! que ne suis-je oiseau !
J'ouvrirais mes ailes
Et j'irais à travers nuit
Jusqu'à sa maison.
Bonne dame si joyeuse
Votre amant se meurt
Mon cœur sera tôt fendu
Si mon mal s'obstine.
Madame, je joins les mains,
Je vous prie d'amour.
Beau corps aux fraîches couleurs
Grand mal vous me faites !

Mon messager, va et cours
Dis à dame belle
Que je souffre à cause d'elle
Le mal des martyrs.

Chanson

Quand je vois l'alouette dans
Un rayon de soleil danser,
Tout oublier, s'abandonner
À la douceur qui l'envahit,
Je l'envie et j'envie tous ceux
Qui savent goûter au plaisir
Et je m'étonne que mon cœur,
Ne fonde au brasier du désir

Je croyais tout savoir d'amour.
Hélas ! quel ignorant je suis,
Moi qui ne peux me détourner
De celle-là qui me méprise !
Et me voilà privé de tout,
De moi-même, d'elle et du monde.

Désir et cœur mourant de soif,
Voilà tout ce qu'elle m'a laissé.

Dès l'instant où dans ses beaux yeux
Je vis un miroir délicieux
Je n'eus plus en moi nul pouvoir.
Je ne sentis plus rien de moi
Dès qu'en toi, miroir, je me vis.
Ma vie s'en fut dans mes soupirs
Et je me perdis comme fit
Le beau Narcisse en la fontaine

Je ne me fierai plus aux femmes
Elles font toutes mon désespoir.
Je les ai jadis exaltées,
Je veux en dire pis que pendre !
Je n'en attends plus de secours
Il a suffi que me bafoue
L'une d'elles, et je les crains toutes.
Toutes semblables, elles sont ainsi !

Sur ce point ma Dame est bien femme,
Et c'est bien ce qui me déplaît.
Le convenable, elle n'en veut pas,
Le défendu seul l'intéresse.
Me voilà en triste disgrâce
Je ne suis qu'un fou maladroit.
En vérité, je sais pourquoi :
La pente est trop rude pour moi.

L'espoir d'elle est vraiment perdu
Je l'ignorais jusqu'à ce jour.
Celle de qui j'attends Amour
N'en a pas du tout. Où chercher ?
On ne dirait pas, à la voir
Qu'elle est capable de laisser

Un pauvre assoiffé sans recours
Qui se meurt de n'espérer qu'elle !

Puisqu'auprès d'elle tout est vain
Grâce, prière et droit d'amant,
Puisqu'il lui déplaît que je l'aime
Je me tais et je m'en défais.
Je renonce. Et si je suis mort
De n'avoir été son élu
Je réponds en mort, tristement.
Je vais m'exiler Dieu sait où.

Tristan, vous n'aurez rien de moi !
Je m'en vais triste, Dieu sait où
Je renonce à la poésie
Je me dérobe aux joies d'amour.

Chanson

Quand froide bise souffle
Parmi votre pays
Me semble que je sens
Un vent de paradis.
Pour l'amour de la belle
Vers qui penche mon cœur,
En qui j'ai mis ma foi
Et ma tendresse entière,
Je ne vois plus les autres
Tant elle me ravit !

Les grâces qu'elle m'offre
Beaux yeux, visage pur,
Sans me donner rien d'autre
M'ont à coup sûr conquis.
Pourquoi vous mentirais-je ?

Je ne suis sûr de rien
Mais ne puis renoncer.
« L'homme vrai persévère
M'a-t-elle dit un jour
Seul le lâche prend peur ».

Les dames, ce me semble,
Et c'est là grand péché,
Négligent trop souvent
D'aimer les vrais amants.
Je ne voudrais rien dire
Qui n'ait leur agrément,
Mais je vois avec peine
Qu'un fourbe obtient autant
D'Amour (et davantage)
Qu'un amoureux constant.

Dame que ferez-vous
De moi qui tant vous aime ?
Vous me voyez souffrir
Et mourir de désir.
Ah ! franche et noble dame
Donnez-moi donc l'espoir
Qui m'illuminera !
J'endure grands tourments.
Cela dépend de vous
Que je n'en souffre pas.

Je ne dédaigne pas
Le bien que Dieu m'a fait.
Ne m'a-t-elle pas dit
Au jour de mon départ,
Tout net : « Vos chants me plaisent » ?
Je voudrais que toute âme
Chrétienne eut même joie
Que j'en eus, que j'en ai,

Car mon chant ne prétend
À rien qu'à la séduire.

Si elle me parle vrai
Je la croirai encore,
Sinon je ne croirai
Au monde plus personne !

PEIRE DE ROGIERS
Chanson

Peire de Rogiers appartenait probablement à la famille des seigneurs de Rogiers, aujourd'hui Rouziers, dans le Cantal. Tout jeune, il fut chanoine de Clermont d'Auvergne puis, vers 1260, devint troubadour. Il nous reste de lui huit chansons, dont trois « vers » et un sirventès.

Douce amie, je n'en peux plus,
Je vous quitte le cœur lourd.
En vrai deuil de vous je pleure.
De ne point vous embrasser
M'est un bien cruel tourment
Quand d'Amour je me sépare !

Vous connaissez ma passion,
Je n'ai jamais tant aimé.
Pour vous le faire savoir
Je n'ai point de messager.
Je pars. Je vous recommande
À Dieu, Seigneur des Esprits.

Comment donc ne point souffrir
De voir notre union s'éteindre ?
Je vais en pays lointain.
Plutôt que figue et châtaigne
Dans la chaleur du vallon
Mieux me valent froids et monts.

Là-bas, triste, mon corps va
Mais mon esprit reste là
J'ai tant froncé les sourcils
Que la racine m'en brûle.
Qui nous sépara fit mal,
Plus jamais n'aurai d'amie.

Quand le sommeil me prendra
Je serai certes guéri
S'il me ramène vers elle
Sous l'aspect d'une perdrix.
Ah ! baiser l'arc de ses yeux,
Ses joues, aux frais coloris.

Au loin douceur m'est brûlure,
Bel accueil m'est insultant,
Abondance m'est famine
Et le jour profonde nuit.
Ma jeunesse se flétrit,
J'en ai douleur et tristesse.

. . . .
La fin du texte manque

GIRAUT DE BORNEIL
Chanson

Giraut de Borneil, né à Excideuil (Dordogne) d'une famille modeste, avait fait de solides études. Il composa de 1190 à 1240 environ soixante-dix-sept poésies, des chansons surtout mais aussi des sirventès politiques et moraux. Il passa auprès de ses contemporains, en raison sans doute de son habileté technique, pour le « maître des troubadours ».

– Hélas, je meurs ! – Qu'as-tu, ami ?
– Je suis trahi ! – Comment cela ?
– Un jour j'ai mis tout mon espoir
Dans les beaux regards d'une Dame.
– C'est pour cela que ton cœur geint ?
– C'est pour cela.
– Ton cœur, l'as-tu laissé au loin ?
– Assurément.
– Es-tu donc si près de la mort ?
– Oui, plus près que je ne peux dire.
– Pourquoi vouloir ainsi mourir ?

– Je suis trop timide et sincère.
– L'as-tu priée ? – Moi ? Par Dieu, non !
– Pourquoi te lamenter si fort
Quand tu ne sais rien de son cœur ?
– Seigneur, elle me fait si peur !
– Comment cela ?

– L'amour d'elle me trouble fort.
– Tu as bien tort.
  Crois-tu qu'elle va s'offrir à toi ?
– Non, mais je n'ose m'enhardir.
– Lors, ton mal peut durer longtemps !

– Seigneur, dites, que puis-je faire ?
– Sois bon, courtois. – Oui, mais encore ?
– Va devant elle sans tarder
  Lui faire requête d'amour.
– Et si elle la trouve offensante ?
– Allons, qu'importe !
– Et si sa réponse est méchante ?
– Eh, sois patient,
  Toujours la patience triomphe.
– Si le jaloux s'en aperçoit ?
– Vous n'en serez que plus rusés.

– Nous ? – Bien sûr ! – Ah, pourvu qu'elle veuille !
– Elle voudra, crois-moi. – Je vous crois !
– Ta joie vraiment sera doublée
  Si tu ne crains pas de parler.
– Seigneur ma douleur est si dure
  (elle est mortelle)
  qu'il faut part égale pour elle !
– T'aideront donc
  Ton audace et ton jugement.
– Et aussi ma bonne espérance.
– Veille à t'expliquer gentement.

– Je ne saurai pas m'exprimer !
– Pourquoi, dis-moi ? – Je la verrai !
– Tu ne pourras donc lui parler ?
  Es-tu à ce point égaré ?
– Oui, quand j'arrive devant elle…
– Tu te défais ?

– Oui, je ne suis plus sûr de rien.
– Tous les amants
　Traversent les mêmes misères.
– C'est vrai, je me ferai violence.
– Bien. Alors, ne perds pas de temps.

– Chacun sait bien
　Où l'amour amène les êtres.
　Mal vit celui qui meurt d'aimer,
　Je sais, je ne peux donc me plaindre !

– Cours au plaisir
　Avant que ton secret s'évente.
　Ami, ne perds pas ton élan.
　Si vulnérable est le bonheur !

ARNAUT DE MAREUIL

Chanson

Arnaut de Mareuil fut d'abord clerc, puis se fit troubadour pour gagner sa vie. Il écrivit, entre 1170 et 1200, vingt-six chansons, cinq lettres ou saluts d'amour, et un « ensenhamen ». Il fut le protégé d'Azalaïs, vicomtesse de Béziers, du roi Alphonse II d'Aragon et de Guillaume VIII de Montpellier.

> J'aime bien sentir l'haleine
> De l'avril qui devient mai.
> J'aime qu'à la nuit sereine
> Chantent rossignols et geais.
> Car chacun dans son langage
> Dans la fraîcheur du matin
> De bon cœur dit son bonheur
> Serré contre sa compagne
>
> Puisque toute créature
> S'éjouit quand feuille naît
> Il faut bien qu'il me souvienne
> D'un amour qui me fut bon.
> Ainsi le veut ma nature :
> L'allégresse vient à moi
> Quand les parfums de la brise
> Envahissent ainsi mon cœur.

Elle est plus blanche qu'Hélène,
Plus jolie que fleur qui naît,
Elle est riche, elle est courtoise,
Dents blanches, paroles vraies,
Cœur pur, sans méchanceté,
Cheveux roux et clair visage.
Nulle part n'est sa pareille.
Que Dieu la sauve du mal !

Que sa bonté désormais
M'épargne de longs débats.
Qu'un baiser ferme ma bouche,
Un baiser, peut-être plus,
Puis nous ferons le voyage,
Chemin bref, souvent couru,
À l'allure décidée
Par son allègre désir.

PEIRE VIDAL
Chanson

Fils d'un pelletier de Toulouse, Peire Vidal quitta sa ville natale pour s'adonner au métier de poète de cour, entre 1175 et les premières années du XIIIe siècle, en Provence, en Espagne, en Hongrie, en Terre sainte, à Gênes, à Pise et ailleurs. Il nous reste de lui quarante-trois pièces qui ne nous ont conservé qu'un écho très affaibli de la verve et de l'esprit qui l'avaient rendu célèbre auprès de ses contemporains.

> J'aspire amoureusement
> L'air qui me vient de Provence.
> J'aime tout ce qui est d'elle
> Et quand on m'en dit du bien,
> Heureux, j'écoute en riant.
> Pour un mot j'en voudrais cent
> Tant me plaît ce que j'entends.
>
> Il n'est de plus doux pays
> Que celui du Rhône à Vence
> Et de la mer à Durance.
> Pure joie brille là-bas.
> Là, parmi de nobles gens
> J'ai laissé mon cœur à Celle
> Qui rend le rire aux dolents.

Qui peut être au désespoir
Quand d'elle on a souvenance ?
En elle la joie commence.
Qui vante son gai savoir
D'aucune façon ne ment.
C'est la plus belle vraiment
Qu'au monde l'on puisse voir.

De ce que je fais et dis
Qu'elle seule ait le mérite !
D'elle me vient mon savoir
Et mon talent de poète :
Ce que je fais de plaisant
C'est par son corps avenant
Même quand je vais rêvant.

Chanson

Mon cœur sonne clair et beau :
Le temps est au renouveau
Et le château de Fanjeaux
M'est plus doux que paradis.
Tout bonheur y est enclos,
L'amour et l'honneur très haut,
La parfaite courtoisie.

Mon plus mortel ennemi
Peut devenir mon ami
Si des dames il me dit
Louanges en mots plaisants.
Et quand loin d'elles je suis,
Allant par d'autres pays,
Je me plains, tout languissant.

Mon Cupidon de Laurac
Joyeux me tient en ses lacs.
Il m'a blessé vers Gaillac
D'une flèche à la poitrine.
J'aime ce tour de son sac,
Aussi je vis à Saissac
Chez son frère et ses cousines.

Adieu donc à l'Albigeois,
Vers Carcassonne je vois
Des chevaliers bien courtois
Et des dames que j'admire.
À la Louve je me dois,
Que Dieu m'aide avec la foi.
Je garde au cœur ses doux rires.

Que Dieu garde Montréal
Et le palais Impérial !
Je retourne vers Barral,
Car la gloire est mon amie.
Mais je serai Provençal
Car en ce pays loyal
J'aurai bonne compagnie.

Derniers vers

Ainsi le loup qui veut apprendre à lire
Jamais aucun ne put lui faire dire
Ni A, ni B, ni D, ni O
Mais seulement agneau, agneau, agneau !

RAIMBAUT DE VAQUEIRAS

Issu d'une famille de petite noblesse, Raimbaut naquit au château de Vaqueiras (Vaucluse), sur les terres du prince d'Orange, son premier protecteur. Il s'attacha ensuite au marquis Boniface Ier de Montferrat (1192-1207) qui l'emmena en Orient et lui octroya des seigneuries au royaume de Salonique. Il mourut vers 1207. Il nous reste de lui une quarantaine de poésies lyriques.

Vous, hautes vagues qui remuez la mer
Et que le vent de-ci de-là soulève
De mon ami donnez-moi des nouvelles,
Il va, navigue et ne me revient pas !
Hélas, Dieu de l'amour,
Tantôt joie il me donne et tantôt c'est douleur !

Oh ! douce brise accourue de là-bas
Où mon ami dort, repose et séjourne,
Apportez-moi de son haleine douce,
J'ouvre la bouche, oh ! j'en ai tant désir !
Hélas ! Dieu de l'amour
Tantôt joie il me donne et tantôt c'est douleur !

C'est un malheur que d'aimer au lointain,
En pleurs se changent et les jeux et les rires.
L'ami, je sais, ne m'aura pas trahi

Car mon amour ne fut jamais qu'à lui.
Hélas ! Dieu de l'amour
Tantôt joie il me donne et tantôt c'est douleur !

Aube

Veille bien, guetteur du château,
Car celle qui m'est belle et bonne
Est toute mienne jusqu'à l'aube.
Le jour vient sans être invité,
Le jeu d'amour,
L'aube l'empêche, l'aube, oui, l'aube.

Veille, ami, et guette, crie, chante,
Je possède ma désirée,
Mais contre l'aube je proteste
Et contre le jour déplaisant
Qui nous effraie
bien plus que l'aube, l'aube, oui, l'aube

Prends garde, guetteur de la tour,
Au mauvais seigneur, le jaloux
Ennuyeux beaucoup plus que l'aube.
Nous, en bas, nous parlons d'amour,
Mais grande peur
Nous vient à l'aube, l'aube, oui, l'aube

Dame, adieu, je ne peux rester,
Malgré moi me faut vous quitter,
Mais bien grand souci me fait l'aube
Quand je la vois poindre si tôt
Nous séparer,
C'est ce que veut l'aube, oui l'aube.

ARNAUT DANIEL

Arnaut Daniel est né à Ribérac (Dordogne) avant 1150. Il nous reste de lui seize chansons et une pièce humoristique composées de 1180 à 1210 environ. C'est un poète obscur. Mais son « trobar clus », trop formel, ne montre pas de grandes qualités d'invention. Dante, pourtant, le considéra comme l'un de ses devanciers, et Pétrarque le baptisa : « le grand maître d'amour ».

>Sur cet air joyeux et rond
>J'assemble et fourbis mes rimes.
>Fortes et sûres elles seront
>Quand j'aurai passé la lime.
>Que l'Amour polisse et dore
>Ce chant qu'inspire le corps
>De la Valeureuse que j'aime.
>
>Je me sens, à parler clair,
>Plus pur, meilleur quand je sers
>La plus aimable des dames.
>Je suis sien de pied en cap.
>Bien que souffle vent du nord
>L'amour qui me pleut au cœur
>Me tient chaud en plein hiver.
>
>J'entends et dis mille offices,
>Cire, huile brûlent haut

Pour que Dieu me favorise,
Mais me défendre, pourquoi ?
Quand je vois ses tresses d'or
Pour son corps si svelte et neuf
Je donnerais bien Lucerne !

Tant la désire et la cherche
Qu'à trop l'aimer je la perds,
Si, par amour on peut perdre.
Son cœur submerge le mien
D'un flot que rien ne disperse.
La fine usurière tient
L'artisan et la boutique !

Si je ne dois revoir celle
Qui me brûle et fend le cœur,
Que m'importent les honneurs,
Le pape, Rome, l'empire ?
Si elle n'apaise ma peine
D'un baiser avant l'an neuf,
Elle me damne et m'assassine !

Malgré le mal que j'endure,
Quoiqu'il me tienne en désert,
J'aime et veux encore aimer,
Car d'amour je fais mes rimes,
Besogneux comme au labour.
Moins que moi (fût-ce d'un œuf)
Moncli aima dame Audierne !

Je suis Arnaut, vent me pousse,
Sur bœuf lent je cours lapin
Et nage à contre-courant.

GUILHEM DE CABESTANY

Ce poète – que la légende du cœur mangé a rendu célèbre – était un chevalier du Roussillon sur lequel nous sommes très mal renseignés. Son existence est attestée jusqu'en 1212. Il nous reste de lui huit chansons d'amour.

Le premier jour, Dame, que je vous vis
Quand il vous plut de vous montrer à moi,
Nulle autre image en mon cœur ne resta.
Tous mes désirs en vous s'enracinèrent
Votre regard, votre sourire tendre
Ont mis en moi, ô ma Dame, tel feu
Que j'oubliai ma personne et le monde

Votre beauté, votre présence aimable,
Vos mots courtois, le charme délicieux
De votre accueil m'ont ravi la raison.
Depuis ce jour tout bon sens m'a quitté.
À vous ma vie, à vous que mon cœur prie
Moi qui ne veux que grandir votre Prix
À vous me rends, point n'est meilleure Dame.

Si tendrement, ô Dame, je vous aime
Qu'aimer ailleurs n'est pas en mon pouvoir.
Amour pourtant accepterait que j'ose

Chercher plus loin remède à mon tourment,
Mais à quoi bon conter fleurette à d'autres ?
Je fuis, j'oublie la possible amourette
Et reste à vous que j'ai plus chère au cœur.

Souvenez-vous de la bonne promesse
Que vous me fîtes au jour de mon départ.
J'en eus alors l'âme en pure liesse.
De vous servir encore j'eus l'espoir.
J'en fus joyeux – hélas mon mal s'aggrave !
Mais ce bonheur je le retrouverai,
S'il plaît à vous, moi que l'espoir fait vivre.

Aucun tourment ne m'effraie, car je pense
Qu'il me vaudra à la fin récompense
De vous, ma Dame. Et j'aime mes douleurs,
Elles sont pour moi comme de fortes joies.
Je n'oublie pas ce qu'Amour sait et dis :
Un pur amant doit pardonner grands torts
Et souffrir dur pour gagner son amante.

Ah ! si venait un beau jour cet instant
Dame, où je voie que votre grâce daigne
Me faire don du simple nom d'ami !

GUI D'USSEL

Au début du XIIIe siècle, il y eut quatre troubadours d'Ussel (Corrèze) : Gui, coseigneur d'Ussel et sans doute cadet de cette maison, Èble et Pierre, ses deux frères, et Èlias, leur cousin. Gui était le mieux doué. Il nous reste de lui huit chansons, trois pastourelles et dix jeux partis. Il cessa d'écrire sur l'ordre de Pierre de Castelnau, légat du pape Innocent III (1208). Il mourut peu avant 1225.

> Je chanterais bien volontiers,
> Mais il m'ennuie de répéter
> Que j'ai à me plaindre d'Amour.
> Quel amant n'en dirait autant ?
> Je voudrais faire chanson neuve
> Mais hélas tout a été dit.
> Comment donc vous prier, Amie ?
> C'est à ma plaisante manière
> Que mon chant paraîtra nouveau.
>
> Dame, je sais assurément
> Que je ne puis trouver au monde
> Plus parfaite Dame que vous.
> Même en rêve je n'en vois pas
> Qui surpasse votre beauté.
> On ne peut aimer plus que moi,

Et si l'on peut être, il est vrai,
Plus valeureux que je ne suis
Mon cœur, au moins, n'est pas d'un fourbe.

De plus, s'il n'en vous déplaît point,
Je ne vois aucune raison
De haïr le mal que j'endure.
Vous en faites si douce chose
À l'accueillir si joliment
Que mon cœur sans cesse m'appelle
Quand mon esprit me fait l'œil noir.
Je ne sais pourquoi c'est ainsi,
Raison contre sentir défaille.

Ma Dame, un baiser, rien de plus,
Et j'aurai ce que je désire.
Promettez-le sans vous fâcher
Et que les malveillants enragent,
Qu'ils souffrent de me voir heureux,
Et que mes amis s'éjouissent,
Car vraie courtoisie est ainsi :
Elle renfrogne les êtres vils
Et fait plaisir aux gens aimables.

Vers Aubusson, va, ma chanson,
À la meilleure je te donne,
La meilleure, sauf celle-ci,
Toute allégresse et corps riant.

GUI D'USSEL ET ÈLIAS D'USSEL

Tenson

Dites-moi donc ce qu'il vous semble,
Mon cher Èlias, d'un amoureux

Dont le cœur est sans fourberie,
Et que l'on aime en vérité.
Que doit-il désirer le plus,
Selon juste raison d'amour,
Si un jour vient qu'on lui donne ce choix :
Etre mari, ou demeurer amant ?

Cousin, au diable les trompeurs,
J'ai le cœur d'un amant fidèle.
Je tiens donc pour plus grand honneur
D'avoir toujours, plutôt qu'un temps,
Belle amie de noble apparence.
Je choisis le mari galant
Qui désire vivre auprès de sa Dame.
J'ai vu tant d'amours trop vite rompus !

Èlias, je tiens, moi, pour meilleur
Ce qui fait qu'un homme s'élève,
Et pour pire ce qui le fait
Courber le front et s'avilir.
Par une dame on s'améliore,
Par une épouse on se défait.
Qui fait sa cour est respecté des gens.
Point le mari : on courtise sa femme.

Cousin, si vous aimiez un peu,
Parler ainsi serait folie.
Honte au fourbe qui passe et prend
Quelque faveur et puis s'en va !
Moi je ne veux que demeurer,
Caresser ma Dame adorée
Et craindre fort qu'elle ne me chasse au loin
Si je manquais son amoureux service.

Èlias, si je ne veux pas d'elle
Pour épouse, c'est par respect

Et par crainte de la fâcher.
L'épouser, puis la courtiser
Ce serait là, en vérité,
Commettre faute sans égale.
Et si j'étais avec elle grossier
J'offenserais gravement bel Amour.

Cousin, tenez-moi pour idiot
Si sans gardien, ni coseigneur
Je pouvais jouir de l'aimée,
Et si je cherchais autre chose !
Rien ne trouble joie de mari.
Joie d'amant est mêlée de peine.
Aussi j'aime mieux, quoiqu'on veuille en dire
Être heureux mari qu'amoureux marri !

Èlias, à Dame Marguerite
Ma parfaite, je m'en remets.
Qu'elle me chasse si je ne l'aime
Mieux que ne le fait son mari.

Cousin, elle est d'un grand mérite
Et sait fort bien juger d'amour.
Je suis sûr, moi (sa valeur est si haute !)
Qu'elle vous dira que vous avez failli.

GAUCELM FAIDIT

Né à Uzerche (Corrèze) d'une famille bourgeoise, Gaucelm Faidit perdit sa fortune au jeu et se fit jongleur. Il fut protégé par Marie de Ventadour, vécut en Lombardie et suivit, en 1202, le marquis Boniface Ier de Montferrat à la Quatrième croisade. Son œuvre, composée entre 1180 et 1220 environ, est abondante (soixante-deux compositions lyriques) et d'une inspiration très variée.

> J'ai entendu s'éjouir
> Par amour, dans son langage
> Le rossignolet sauvage.
> Il me fait mourir d'envie,
> Car celle que j'aime
> Ne veut aujourd'hui
> Ni m'écouter ni me voir.
> Le doux chant que font l'oiseau et sa mie
> Conforte un peu mon courage.
> Je console donc
> Mon cœur en chantant.
> Je n'aurais pas cru pouvoir !
>
> Mais rien de ce que je vois
> Ne saurait me réjouir.
> Je reconnais ma folie,

Il est juste que je souffre,
Juste et mérité.
J'ai laissé mon cœur
S'enivrer de rêves fous.
Résultat : angoisse
Tristesse et dommage.
Il faut que je me l'avoue,
J'ai perdu l'année,
Elle fut sans plaisir,
Rien n'y vint à mon désir.

Bien que j'aie fort à me plaindre
Je m'incline et je supplie
Celle qui a seigneurie
Sur mon âme et ma personne.
Elle ne put rien dire
Quand je dus partir.
Je l'entendis soupirer,
La main sur les yeux :
« Que Dieu vous protège ».
Et quand en moi je revois
Son air amoureux,
Je me dis, en larmes :
Sans elle plutôt mourir.

La dame qui tient mon cœur
Je la prie je la supplie
De ne point m'être cruelle
de ne point croire les fourbes,
De ne point penser
Que j'en aime une autre.
De bonne foi je soupire,
Sans mentir je l'aime,
Mon cœur est vrai cœur.
Je n'ai rien des faux amants
Dont les tromperies

Ont fait que l'Amour
Ne récolte que mépris.

Chanson sois ma messagère,
Sans plus tarder cours et parle
À celle qui me plaît tant,
Hôtesse de toute joie.
D'un mot dis-lui comme
Je meurs de désir,
Et si elle veut m'accueillir
Rappelle à son cœur,
Sans perdre un instant,
Mon souci et mon désir,
Mon amour si grand
Que l'envie me tue
De la voir et l'embrasser.

Ma Dame Marie,
Tel est votre Prix
Que tous estiment plaisants
Mes dits et mes chants
Et l'éloge grand
Que je fais en vous chantant.

SAVARIC DE MAULÉON, GAUCELM FAIDIT,
UC DE LA BACHÉLERIE
Jeux partis

Savaric, seigneur de Mauléon (aujourd'hui Châtillon-sur-Sèvre) joua un rôle important dans l'histoire du XIIIe siècle. D'abord du parti du roi de France, il se distingua au siège de Damiette (1219). Il servit ensuite le roi Jean sans Terre qui le nomma vicomte de Southampton. Puis il devint sénéchal des rois anglais pour la Gascogne et le Poitou. Il mourut en 1231.

Gaucelm Faidit (Voir notice biographique page 85).

Uc de la Bachélerie : il nous reste six pièces de ce troubadour originaire de la Bachélerie, près d'Uzerche, en Corrèze. Début du XIIIe siècle.

> *Savaric*
> À vous Gaucelm et sire Uc
> Je propose trois jeux d'amour.
> Choisissez donc et laissez-moi
> Celui que vous ne voudrez pas.
> Une Dame a trois soupirants.
> L'amour les tourmente beaucoup.
> Quand ils viennent en sa présence
> Elle accueille bien chacun d'eux.
> À l'un elle fait son œil de miel,
> Serre un peu la main du second,
> Presse en riant le pied de l'autre.

Auquel des trois, ainsi faisant,
Témoigne-t-elle plus d'amour ?

Gaucelm
Sachez bien, seigneur Savaric,
Que le plus beau gage reçu
Fut pour celui que son aimée
À regardé avec tendresse.
Par les yeux s'exprime le cœur.
La grâce faite est bien plus grande
Qu'un simple serrement de main
Qui me semble plutôt banal.
C'est un plaisir que font les Dames
En guise d'accueil amical.
Quant au troisième, à l'évidence,
Lui faire du pied me paraît
Un signe d'amour négligeable.

Uc
Gaucelm, vous parlez à votre aise,
Mais je crains que vous vous trompiez.
Si votre homme se réjouit
D'une simple œillade, en passant,
À mon avis il déraisonne.
Les yeux le voient, lui comme un autre.
Ils n'ont guère d'autre pouvoir.
Mais quand main blanche dégantée
Etreint doucement son ami,
L'amour s'émeut de cœur et d'âme.
Que Savaric défende donc
Le pied touché. Moi, j'y renonce.
Il excelle à ces jeux partis !

Savaric
Vous me laissez, Uc, le meilleur.
Je ne me déroberai pas.

Donc, je le dis : Pression du pied
Fut faite par amitié vraie
À l'abri des yeux malveillants.
Si elle prit cette précaution,
Touchant l'ami tout en riant,
Il me semble qu'elle aime fort.
Bien fou qui pense que l'étreinte
D'une main est signe d'amour.
Quant à Gaucelm, je ne crois pas
Qu'il eût préféré le clin d'œil
S'il était si savant qu'il dit !

Gaucelm
Seigneur qui blâmez les regards
Et leurs agréables façons,
Vous ne savez donc pas qu'ils sont
Les meilleurs messagers du cœur.
De fait ils dévoilent aux amants
Ce qu'ils ont peur souvent de dire.
D'eux viennent vrais plaisirs d'amour,
Alors que pour rire ou jouer
La Dame peut presser le pied,
De temps en temps, sans intention.
Quant à sire Uc, il se trompe.
Un serrement de main n'est rien,
Et surtout pas preuve d'amour.

Uc
Vous, Gaucelm, et vous, Savaric,
Vous n'entendez rien à l'amour.
Il me paraît (et chacun sait)
Que les yeux que vous choisissez
Ont trahi force soupirants.
Vous leur accordez trop de prix !
Et si la Dame au cœur perfide
Tout un an me pressait le pied,

Je ne m'en contenterais pas.
Non, une étreinte de la main
Vaut cent fois plus, sans discuter.
Car si elle n'était pas éprise,
Sa main, certes, elle l'aurait gardée !

Savaric
En ce débat, pour sûr, Gaucelm
Et vous, Uc, vous êtes vaincus.
Que l'affaire soit donc jugée
Par Marie, notre haute Dame
Dont chacun connaît le talent.

Gaucelm
Moi, je ne m'avoue pas vaincu.
Nos juges me rendront justice
Si figure aussi au jury
Dame Guilhelma de Benauges
Qui dit si bien l'amour courtois.

Uc
Allons, je suis si sûr de moi
Que la victoire m'est certaine.
J'en sais une, gaie, délicieuse,
Qu'on pourrait appeler aussi,
Mais ces deux Dames me suffisent.

PEIRE RAIMON DE TOULOUSE
Chanson

Peire Raimon vécut pendant le premier quart du XIIIe siècle, en Espagne, en Languedoc, puis en Italie où il eut pour protecteur le marquis de Malaspina. Nous possédons de lui dix-huit pièces.

Certes j'ai appris d'Amour
Comme il sait piquer du dard,
Mais j'ignore encor comment
Il sait guérir gentement.
Je connais le médecin
Qui seul me rendrait la vie,
Mais si je n'ose, à quoi bon
Lui dévoiler ma blessure !

Ma sottise me tuera
Si je ne peux pas lui dire
Et lui montrer mon chagrin.
Nul ne peut me secourir,
Sauf elle, courtoise, gaie,
Que j'aime, que je chéris.
Mais quoi, demander merci ?
J'ai trop peur de lui déplaire !

Au loin quand je l'aperçois
J'ai grand désir de pouvoir
À genoux venir à elle,

Et parvenu à ses pieds,
Mains jointes lui rendre hommage
Comme serf doit au seigneur,
Puis implorer sa pitié
Sans souci des malveillants.

En vous seule, bonne Dame,
Tout bonheur germe et fleurit.
Je vous aime et vous désire.
C'est de foi bonne et limpide
Que je demande pitié.
Je promets d'être discret
Et plus fidèle (Dieu m'aide !)
Que ne fut Landric à Aye.

Mon cher Diamant, mon jongleur,
Je t'en prie, cours à Toulouse
Chanter le chant que voilà.

DAUDE DE PRADES
Chanson

Daude de Prades est originaire de Prades-Salars, près de Rodez. Il semble avoir été chanoine de Rodez (1241). Il fut le protégé d'Arnaut et de Raimon de Roquefeuil. Il nous reste de lui quinze chansons.

Amour expressément exige
Que je chante et que je vous dise
Comment il me tient à merci,
S'il a fait mon malheur ou non.
Et puisque je sens qu'il m'en presse
Dans ce beau printemps nouveau-né
Il me faut chanter haut et fort
Comment m'éjouit et m'apaise
Une joie entrée dans mon cœur
Par la porte du bel espoir.

Parmi les biens qu'Amour dispense
J'ai maintenant quelque plaisir,
Car sont accomplis mes désirs
Comme j'ose ici vous le dire :
J'aime une Dame fine et belle,
Je suis aimé d'une pucelle
Et si me vient fille de joie
À ma guise aussi j'en festoie.
Amour vrai je te coupe en trois.
Pour cela suis-je moins courtois ?

Amour veut bien que par raison
J'aime une Dame valeureuse.
Il veut aussi, pour en jouir,
Que je chevauche à tout loisir
Telle fille encore pucelle,
Bien tendre, bien fraîche et nouvelle,
Point traîtresse, naïve à souhait.
Et pour qu'Amour ne souffre pas,
Une nuit ou deux, chaque mois,
Ensemble nos corps se tutoient.

Qui veut de haut en bas sa Dame,
Que sait-il de l'amour courtois ?
N'est pas courtois qui fait la chose,
Qui exige en gage le corps.
Que soit offert anneau, cordon,
Et l'on se croit roi de Castille !
Courtiser bien, c'est fort subtil,
C'est baiser quand on peut la bouche.
Prendre plus ? Non, Dieu nous en garde !
Ce serait trésor profaner !

Franche pucelle, à la bonne heure,
Quand je m'en viens à sa maison,
Il me plaît que bien attifée
Elle prenne place à mon côté.
Et si je veux baiser sa joue
Ou lui tâter un peu le sein,
Qu'elle ne me fuie ni pleure au loup
Mais veille à me serrer de près
Jusqu'à ce que soit pris baiser
Et doux toucher d'endroit gardé.

Quant à brave et jolie ribaude
Je veux que peu priée me donne

Tout ce qu'amour requiert au lit
Sans querelle ou mélancolie.
Qu'elle ôte jupons et chemise
Et danse sur l'air à sa guise
Tant que je ne renonce pas
À jeux d'amour et francs ébats.
Et si plus que moi elle en sait,
Qu'elle veuille bien me l'enseigner !

GAVAUDAN

Pastourelle

On ne sait rien de précis sur la vie de Gavaudan (1195-1230 environ). Il fut contemporain de la croisade contre les Albigeois. Il aurait été le protégé des comtes de Toulouse. Il nous reste de lui dix pièces.

L'autre jour, par un beau matin
Passant les hauteurs d'un coteau
Je vis auprès d'un aubépin
Une fille ornée de soleil.
Elle ressemblait à s'y méprendre
À une aimée d'autrefois.
Je fis un détour vers elle.
Rieuse, elle me salua.

Alors, joyeux, je descendis
De mon cheval. À peine à terre,
Elle prit ma main, me fit asseoir
À l'ombre tendre d'un tilleul
Sans poser la moindre question.
Étais-je ou non connu d'elle ?
Mais bien sûr ! Pourquoi mentir ?
Elle baisa mes yeux, mon front.

Je crus défaillir de plaisir
Quand ses beaux cheveux m'effleurèrent.
– Vous ici, belle ? Assurément,

Dieu a voulu notre rencontre !
– Oui seigneur, Il nous réunit.
Je ne désirais rien d'autre ;
Je vous prie, bien me plairait
Le jeu d'amour interdit !

– Amie, si je devine bien
J'aurais grand tort de me plaindre.
Vous me montrez tant de bonté
Que je veux vous dire un secret :
Amour m'a repris son cadeau,
Celle qui tant me plaisait
Est partie je ne sais où
Et j'en suis inconsolé.

– Seigneur j'entends et je comprends.
Mes nuits ne sont que veilles tristes
Depuis que vous m'avez quittée
Le sommeil déserte mes yeux.
L'amour qui tant vous éloigna
Me fit souffrir. C'est fini,
Puisque notre compagnie
N'en sera que plus plaisante.

– Mon amie c'est ma bonne étoile
Qui m'a conduit auprès de vous
Pour m'éjouir de pré en lit.
– Votre joie est mienne. Merveille !
Pour vous et pour moi tout est bien.
Grâce à nous deux aucun lieu
N'attire ailleurs nos désirs.
Le dieu d'Amour visa juste !

Ève, seigneur a transgressé
L'interdit qu'on lui avait fait.
Qui me blâmerait d'être à vous
Perdrait son temps en vains babils !

GUIRAUT RIQUIER
Sérénade

Guiraut Riquier, « le dernier des poètes de cour », selon Jeanroy, naquit à Narbonne vers 1230. Il fut le protégé des vicomtes de Narbonne, puis en 1270 se rendit en Castille où il fut l'hôte, dix ans durant, du roi Alphonse X. Il rentra en Languedoc en 1279. Il fréquenta les cours des comtes de Rodez, de Comminges et d'Astarac. Il est probable que c'est la totalité de l'œuvre très variée de Guiraut Riquier qui nous a été conservée (environ dix mille vers écrits de 1252 à 1294).

Sa Dame, à fidèle amant,
Donna bon espoir d'amour.
On fixa le temps, le lieu.
Vint le matin du jour dit.
Il s'en fut, sombre, pensif
Et sans cesse soupirant :
Jour, tu grandis pour ma peine,
Soir,
Comme tu es loin de moi !

Le désir le brûlait tant
Et tant le pressait la joie
Qu'il espérait de sa Dame
Qu'il craignait de ne pouvoir
Se survivre jusqu'au soir,
Et sans cesse il soupirait :

Jour, tu grandis pour ma peine,
Soir,
Comme tu es loin de moi !

Tout le monde autour de lui
S'inquiétait de sa pâleur,
De son trouble, de ses yeux
D'où les larmes ruisselaient.
Tant lui pesait ce long temps
Que sans cesse il soupirait :
Jour, tu grandis pour ma peine,
Soir,
Comme tu es loin de moi !

Quel rude tourment les astres
Font souffrir aux malheureux
Que nul ne peut soulager !
Pensez en quelle langueur
Il passait heure après heure.
Et sans cesse il soupirait :
Jour, tu grandis pour ma peine,
Soir,
Comme tu es loin de moi !

2. VIDAS

Biographies des troubadours

Il nous reste 101 « Vidas » et environ 124 « Razos » (le nombre de ces dernières varie un peu selon que l'on sépare ou réunit, dans certaines, dont l'unité n'est pas évidente, les éléments divers qui les composent). Elles concernent 101 troubadours des pays d'Oc, de Catalogne et d'Italie.

Les « Vidas » (vies) correspondent à ce que nous appellerions aujourd'hui, à proprement parler, des « Biographies » : elles prétendent nous raconter la vie et les aventures des troubadours. Les « Razos » sont des commentaires qui nous expliquent le sens de leurs poèmes, nous rapportent les circonstances dans lesquelles ils furent écrits. Elles précèdent donc les poèmes dans les manuscrits où elles figurent. Mais, en réalité, *Vidas* et *Razos* ont tendance à se confondre en une sorte de genre unique, parce que les *Razos* donnent des éléments biographiques – d'ailleurs souvent peu exacts – et que les *Vidas* sont souvent imaginées *à partir* de ce que le poète dit de lui-même dans ses vers.

Comme le font observer les derniers éditeurs des Biographies[1], le nombre et la longueur des *Razos* n'est

---

1. Jean Boutière et A. H. Schutz : voir ci-après l'indication bibliographique, p. 105.

pas en rapport avec la notoriété des poètes : « Il n'y a aucun commentaire des poésies de Guillaume de Poitiers... Un troubadour beaucoup moins célèbre, comme R. de Miraval, se voit attribuer plusieurs *Razos* considérables[2]. » On s'accorde à penser aujourd'hui (Jeanroy, Bartsch et A. H. Schutz) que les « Biographies » ont été écrites « au XIIIe siècle, et au XIVe ». Leurs auteurs nous sont inconnus, à l'exception d'Uc de Saint-Circ et de Michel de la Tour, qui se sont nommés, et aussi peut-être d'Uc de Pena[3].

Nous n'avons considéré ici les *Vidas* et les *Razos* que comme des œuvres d'art et d'imagination, comme de minuscules et charmants contes, non que les renseignements qu'elles donnent ne soient pas quelquefois précieux pour l'historien – la « vie » de Folquet de Marseille, par exemple, est exacte et précise – mais parce qu'il nous a semblé que leur valeur littéraire – ou même poétique – l'emportait de beaucoup sur leur valeur d'information. S'il est possible de considérer les « Biographies » comme « la première ébauche d'histoire littéraire existant en Europe[4] », il faut davantage insister, nous semble-t-il, sur l'influence qu'elles ont exercé, en tant que genre, sur l'évolution du *romanesque* en Italie et en France. La *Razo* de la tenson de

---

2. B. H. Sch., p. XI. – Il est vrai que nous ne savons pas toujours exactement de quel genre de notoriété pouvait jouir tel ou tel poète. Outre que l'œuvre connue de R. de Miraval n'est nullement négligeable, il pouvait être très célèbre de son temps pour la singularité de sa vie mondaine (par exemple) ou pour des ouvrages narratifs perdus (nouvelles, romans).

3. La *vida* de B. de Ventadour est attribuée à Uc de Saint-Circ, parce qu'il s'y nomme (si son nom n'a pas été ajouté après coup) : « Et moi, sire Uc de Saint-Circ, ce que j'ai écrit de lui (B. de Ventadour), c'est le vicomte Èbles de Ventadour qui me le conta... » (B. et Sch., p. 25-26). – Uc de Saint-Circ a dû écrire aussi celle de S. de Mauléon. – Michel de la Tour a écrit la *vida* de P. Cardenal. Il se nomme in fine (B. et Sch., p. 226). – Enfin il est dit dans la *vida* du jongleur Uc de Pena qu'il connaissait bien les « générations » des grands hommes de ces contrées... (B. et Sch., p. 330).

4. B. et Sch., p. XII.

Lanfranc Cigala, *Na Guillelma mainz cavaliers aratge*, n'est-elle pas une vraie nouvelle ? Nous avons donc choisi nos textes pour leur *originalité littéraire* et pour le charme qui peut encore se dégager de leurs fictions. Nous avons pensé que les « Vidas » et les « Razos » d'Aimeric de Péguilhan, d'Arnaut de Mareuil, de Lanfranc Cigala, de Peire Vidal, de Raimon de Miraval, d'Uc de Saint-Circ, devaient être lues comme autant de petits romans de mœurs aristocratiques ou d'aventures « troubadouresques ». Si certaines n'ont guère d'autre intérêt que celui de nous instruire d'une anecdote amusante (Arnaut Daniel, « *Razo* » de *Anc eu no l'aic*), il en est quelques-unes qui peuvent encore nous émouvoir beaucoup. Nous ne connaissons rien de plus étrange, de plus touchant, ni aussi de plus propre à nous éclairer sur l'étonnante émotivité de l'âme, au XIIIe siècle, que le récit de l'entrevue du roi Henri II d'Angleterre et de Bertran de Born ; rien de plus vraiment tragique – sans doute parce qu'il se fonde sur un mythe de la plus vieille humanité – que le « conte du cœur mangé », tel qu'il a été mis en œuvre par le biographe inconnu de Guillem de Cabestanh. Ce conte – d'origine indienne – se rattache aux autres mythes du cœur, que presque tous les primitifs ont connus, et dont on commence aujourd'hui à reconnaître l'influence sur le développement de la sensibilité amoureuse.

L'une de ces « Vies » – celle de Jaufré Rudel – est, en dépit de sa brièveté, une sorte de petit chef-d'œuvre. Écrite avec une simplicité quasi « évangélique » – et dans le style même des grands textes inspirés[5] – on la dirait tirée d'un Évangéliaire de

---

5. Ce style – phrases juxtaposées commençant presque toutes par la conjonction « Et » – est, en fait, le style du genre. Presque toutes les vies et les « razos » sont écrits ainsi. D'où leur allure de récits parlés.

l'Amour. Et l'on sait combien de poètes elle a su émouvoir du XIIIe siècle jusqu'à nos jours[6].

D'autres « Vies » sont intéressantes pour des raisons un peu différentes. Celle de Peire de Maensac – bien qu'elle soit sèchement contée – parce qu'elle offre un exemple – réel ou imaginaire – de ce que pouvait être la fraternité entre « fidèles d'amour » (jointe à la fraternité littéraire), dont tout le siècle a postulé l'existence. N'est-il pas curieux de voir un grand seigneur, Dauphin d'Auvergne, épris d'amour courtois et poète lui-même, défendre les armes à la main les « droits » de l'amour adultère du troubadour contre ceux du mari... et de l'Église ? Les biographies de Raimon Jordan et d'Aimeric de Péguilhan présentent un intérêt du même ordre. Dans la première, à une époque[7] où le catharisme était déjà en régression en Occitanie (beaucoup moins en Italie où ces « Vies » ont peut-être été écrites), il nous est parlé – le plus naturellement du monde – d'une grande dame qui entre dans une maison d'hérétiques par désespoir d'amour. Dans la deuxième, nous voyons un troubadour faidit – Aimeric de Péguilhan – reçu avec honneur par les « bonshommes » de Lombardie... Aimeric de Péguilhan aurait-il été cathare ou en sympathie avec eux[8] ?

Ainsi, c'est en recherchant le romanesque dans les *Vidas* et dans les *Razos* que l'on risque de découvrir

---

6. On remarquera la tristesse profonde qui se dégage de la fin de certaines de ces « vies » (Raimon de Miraval, Gausbert de Puycibot, Folquet de Marseille). Mélancolie devant la mort, devant une époque, une civilisation qui s'achève...
7. Raimon Jordan est né vers 1150 ; mais sa « vida » doit être de la fin du XIIIe siècle, et c'est le point de vue du biographe qui nous intéresse ici.
8. Un des manuscrits de la vida rapporte qu'en Lombardie, « il mourut en hérésie, à ce qu'on dit » (Boutière-Schutz, p. 4).

– sans les y avoir cherchés – les éléments « historiques » les moins contestables, puisqu'ils correspondent à des *réalités* spirituelles. Il faut demander aux biographes moins de nous dire ce qu'ils ont réellement vu, que ce qu'ils ont pensé de leur temps *avec* leur temps. Et sur ce point, comme ils savaient bien de quoi ils parlaient, ils nous éclairent fidèlement : ils nous rapportent les conceptions, les fictions amoureuses, les conventions chevaleresques telles qu'elles avaient cours – au moins en principe – dans la société aristocratique et dans le monde des troubadours et des jongleurs, de la fin du XIIIe siècle au commencement du XIVe – et jusqu'à la façon de s'émouvoir, de pleurer ou rire, des hommes et des femmes. Quand on se plonge dans les « Biographies » on a l'impression d'entrer dans la conscience mondaine de l'époque, et de partager les émotions des personnages d'antan. Et cette « connaissance » a bien son importance aussi.

NOTA – Nos textes sont empruntés à l'édition des Biographies : *Biographies des Troubadours*, textes provençaux des XIIIe et XIVe siècles, publiés avec une introduction et des notes, par Jean Boutière et A. H. Schutz, Toulouse, Privat ; Paris, Didier, 1950. Quand nous n'avons pas suivi leurs leçons nous l'indiquons, sauf s'il s'agit de détails orthographiques sans importance. – L'édition précédente des *Biographies des Troubadours*, par Camille Chabaneau, au t. X de l'*Histoire générale de Languedoc*, édition Privat, Toulouse, 1885 (tirage à part, 204 pp.) reste précieuse par la quantité de documents et références annexés aux *Vidas* et aux *Razos*. Une traduction complète de ces textes occitans, sans parler des autres (latins, italiens, etc.), serait souhaitable. On trouve dans *Les vies des troubadours, écrites en roman par des auteurs du XIIIe siècle et traduites en français par un Indigène* (Magradoux), à la librairie romane de Pierre d'En Sagnos (Bib. romane, 3e publication, Tarbes, 1866, XXX + 178 pp.) en regard du texte provençal, emprunté au t. V (1820) du *Choix des poésies originales des Troubadours* de Raynouard, une traduction française « qui est en général exacte » (d'après Boutière-Schutz, p. XXVI).

JAUFRÉ RUDEL, PRINCE DE BLAYE[9]

« *Vida* »

Jaufré Rudel de Blaye fut gentilhomme de grande noblesse et prince de Blaye ; et il s'énamoura de la Comtesse de Tripoli, sans la voir, pour le bien qu'il en entendit dire aux pèlerins qui venaient d'Antioche ; et il fit d'elle maintes poésies avec bonne musique et pauvres paroles. Et par volonté de la voir, il se croisa et prit la mer. Et dans la nef il tomba malade et fut conduit à Tripoli, dans une auberge, comme mort. On le fit savoir à la Comtesse, et elle s'en vint près de lui, à son lit, et le prit dans ses bras. Et il sut que c'était la Comtesse et aussitôt il recouvra la vue, l'ouïe et l'odorat ; et il remercia Dieu d'avoir soutenu sa vie jusqu'à ce qu'il l'eût vue. Et ainsi il mourut entre ses bras ; et elle le fit ensevelir à grand honneur dans la maison du Temple. Et puis ce même jour, elle se rendit nonne pour la douleur qu'elle eut de sa mort[10].

---

9. Voir notice biographique le concernant, p. 47.
10. N'y a-t-il là qu'une merveilleuse légende d'amour ? – On a vu (dans sa notice) que Jaufré Rudel fut de la Deuxième croisade (1147). Marcabru lui adressa « outre mer » sa chanson *Cortezamen vuelh comensar* (2ᵉ moitié de 1148). Rudel mourut sans doute au siège de Damas (1149). – Pétrarque résume son aventure en deux beaux vers (*Trionfi*, III) : *Giaufrè Rudel, ch'usò la vela él remo – a cercar la sua morte*. Le poète catalan Hug Bernat de Rocaberti évoque J. Rudel dans sa « Comèdia de la gloria d'Amor », vers 1460 (De Riquer). « Le romantisme a fait du troubadour une de ses idoles : Uhland, Heine, puis Carducci et Rostand (la Princesse lointaine) ont mis en vers sa légendaire biographie » (id.).

BERNARD DE VENTADOUR[11]
« *Vie* »

Bernard de Ventadour était du Limousin, d'un château qui avait nom Ventadour; de petite extrace, fils d'un sergent et d'une fournière, comme le dit de lui Peire d'Alvergne, dans le chant où il dit du mal de tous les troubadours :

Le troisième, Bernard de Ventadour,
Qui est inférieur d'un travers de main à sire Borneil,
Eut pour père un sergent
Qui portait toujours un arc d'aubour ;
Et sa mère chauffait le four,
Et son père apportait les sarments.

Mais qu'il fût fils de qui l'on voudra, Dieu lui donna belle et avenante prestance et cœur gentil, dont, au début, vint la « gentillesse » (noblesse), et Dieu lui donna sens et savoir et courtoisie et beau parler. Et il avait grande subtilité et connaissait l'art de trouver de bons mots et de gaies mélodies.

Il s'énamoura de la vicomtesse de Ventadour[12], femme de son seigneur. Et Dieu lui donna tant de bonheur que, pour ses belles manières et son gai trouver,

---
11. Voir notice biographique le concernant, p. 54.
12. Femme d'Èble III de Ventadour (mort en 1170) : ou Marguerite de Turenne, sa première femme ou Alaïs de Montpellier, la seconde.

celle-ci lui voulut du bien plus qu'il ne fallait, sans regarder bon sens, noblesse, honneur, valeur ni blâme : elle n'écouta point sa raison et suivit son désir, comme le dit Sire Arnaut de Mareuil :

Je rêve la joie et oublie la folie,
Je fuis ma raison et suis mon inclination.

Et comme le dit aussi Gui d'Ussel :

Car il en advient ainsi des vrais amants
Que la raison chez eux est sans pouvoir contre le désir.

Et il fut honoré et apprécié par toutes bonnes gens, et ses chansons, honorées et bien accueillies. Il fut vu, entendu, reçu très volontiers, et lui furent faits grand honneur, et grands dons par les grands barons et les hommes importants ; c'est pourquoi il allait en bel équipage et en grand honneur.

Leur amour dura longtemps avant que le vicomte s'en aperçut. Quand il s'en fut aperçu, il fut très dolent et triste, et il mit la vicomtesse, sa femme, en grande tristesse et en grande peine, et il l'obligea à donner son congé à Bernard de Ventadour pour qu'il quittât la contrée. Il partit et s'en alla en Normandie, chez la Duchesse[13] qui était alors Dame des Normands, et qui était jeune, gaie, de haute valeur, de prix et de grand pouvoir, et se connaissait beaucoup en honneur et en Prix. Elle le reçut avec grand plaisir et grand honneur, et fut fort heureuse de sa venue, et elle le fit seigneur et maître de toute sa cour. Et tout comme il s'était épris de la femme de son seigneur, il s'éprit de la duchesse ; et elle de lui. Longtemps il eut d'elle grande joie et grand

13. Aliénor d'Aquitaine, fille de Guillaume X d'Aquitaine et petite-fille de Guillaume IX, le poète.

bonheur, jusqu'au moment où elle prit le roi d'Angleterre pour mari, et que celui-ci l'emmena, outre le bras de mer d'Angleterre, si bien qu'il ne la vit plus, ni son messager.

C'est pourquoi, ensuite, du deuil et de la tristesse qu'il eut d'elle, il se fit moine en l'abbaye de Dalon[14] où il demeura jusqu'à sa mort.

(Fin de l'autre version:) Et moi, sire Uc de Saint-Circ[15], ce que j'ai écrit sur lui m'a été conté ainsi par le vicomte sire Èble de Ventadour, qui fut fils de la vicomtesse que sire Bernard aima. Et il fit les chansons que vous entendrez.

---

14. Dalon (commune de Sainte-Trie, canton d'Excideuil, Dordogne) abbaye cistercienne, aujourd'hui en ruine, où se retira aussi B. de Born. « Ont également fini au cloître... P. d'Alvergne, Perdigon, G. Ademar, Uc Brunenc, F. de Marseille » (B. et Sch.).

15. Uc, qui vivait vraisemblablement vers la fin du XIIIe siècle, n'a guère pu – comme l'ont remarqué plusieurs romanistes – recueillir des informations de la bouche d'Èble IV, lequel était déjà marié en 1174, et elles auraient eu d'ailleurs peu de poids, après un demi-siècle écoulé. Si le nom de Uc a été introduit après coup dans la *Vida*, cela prouve en tout cas que ce troubadour – qui est certainement l'auteur de celle de Savaric de Mauléon – était bien connu comme auteur de Biographies. – « Roman d'un jeune homme pauvre » dit Jeanroy de la présente (*Poésie lyrique des Tr.*, II, p. 140), « composée d'après les chansons mêmes de Bernart, arbitrairement interprétées, complétées et localisées » (d'après Boutière-Schutz, pp. 346-347).

BERTRAN DE BORN [16]

« *Razo* » *(explication) de 80, 32, Puisque la jolie saison fleurie...*

Le roi Henri [17] d'Angleterre tenait donc sire Bertran de Born assiégé dans Hautefort [18], et il le combattait avec ses machines de guerre, car il lui voulait très grand mal : il croyait que toute la guerre que le jeune roi [19], son fils, avait menée contre lui, c'était Sire Bertran qui la lui avait fait faire. C'est pourquoi il était venu devant Hautefort pour le déshériter. Et le roi d'Aragon [20] vint au camp du roi Henri devant Hautefort. Quand Bertran le sut, il en fut très heureux, parce que le roi était son ami intime. Et le roi d'Aragon envoya ses messagers dans le château pour que Sire Bertran lui fît tenir pain, vin et viande, et celui-ci lui

---

16. Voir notice biographique, le concernant, p. 54. – En plus de la *Vida* (en deux versions) nous avons 19 *razos* de 20 pièces de B. de Born, occupant 34 pages de l'édition Boutière-Schutz.

17. Henri II, 1154-1189. Il est établi cependant par le témoignage de Geoffroy de Vigeois, qu'il ne prit pas part personnellement au siège. C'est Richard Cœur de Lion, accompagné du roi d'Aragon, qui assiégea Hautefort le 29 juin 1183.

18. Château de Bertran de Born (aujourd'hui chef-lieu de canton, arrondissement de Périgueux, Dordogne). La place se rendit le 7 juillet 1183.

19. Le jeune roi, l'un des quatre fils du roi Henri II : Henri Court Mantel. On sait que Bertran s'était appliqué à dresser le fils contre le père. Le « jeune roi » mourut de la fièvre dans la nuit du 11 au 12 juin 1183, à Martel (arrondissement de Gourdon, Lot). Bertran de Born fit sur sa mort le très beau *planh*.

20. Alfonse II (1162-1196) allié d'Henri II.

en envoya beaucoup. Par le messager qui apportait au roi ces présents, il lui manda la prière de faire en sorte qu'il fît changer de place les machines et les fît mettre ailleurs parce que le mur, à l'endroit où elles battaient, était déjà tout fendu. Mais Alfonse, gagné par les grandes sommes d'argent du roi Henri, lui rapporta tout ce que Sire Bertran lui avait fait dire. Le roi Henri fit donc mettre encore plus de machines devant la partie du château où il apprit que le rempart était rompu, et aussitôt le rempart s'écroula et le château fut pris.

Et Sire Bertran, avec tous ses gens, fut amené au pavillon du roi Henri, lequel le reçut fort mal. Et le roi Henri lui dit : « Bertran, Bertran, vous avez dit que vous n'aviez jamais eu besoin de la moitié complète de votre sens, sachez qu'aujourd'hui il vous le faut bien tout entier. » – « Seigneur, dit Sire Bertran, il est bien vrai que je l'ai dit, et c'était la vérité. » – Et le roi répondit : « Je crois bien que présentement il vous a failli. » – « Seigneur, dit Sire Bertran, il est bien vrai qu'il m'a failli. » – « Et comment ! » dit le roi. « Seigneur, dit Sire Bertran, le jour où le vaillant jeune roi, votre fils, est mort, j'ai perdu sens, savoir et connaissance. ». Et le roi, quand il entendit ce que Sire Bertran lui disait, en pleurant, de son fils, il lui vint grande douleur au cœur, de pitié, et aux yeux, si bien qu'il ne put se retenir de se pâmer de douleur. Et quand il fut revenu de son évanouissement, il l'appela et dit en pleurant : « Sire Bertran, Sire Bertran, vous avez raison, et il est bien juste que vous ayez perdu le sens pour mon fils, car il vous aimait plus que personne au monde. Et moi, pour l'amour de lui, je vous rends la liberté, votre avoir, votre château ; je vous rends aussi mon amitié et mes bonnes grâces, et je vous donne cinq cents marcs d'argent pour les dommages que vous avez reçus.» Sire Bertan, alors, se jeta à ses pieds, lui rendant grâces et merci. Et le roi, avec toute son armée, s'en alla[21].

---

21. C'est en réalité Richard Cœur de Lion qui rendit son château à Bertran et devint même son ami (*razo* de 80, 21 *ges no me desconort*). Mais Henri II a dû acquiescer à ce pardon et se montrer très touché par le *planh* du poète sur la mort de son fils aîné. Les sentiments exprimés ici sont donc très vraisemblables et la scène, bien que controuvée, est bien imaginée.

LA DAME FAITE D'EMPRUNTS

*(« Razo » de 80, 12,
Puisque de moi ne vous souciez)*

    Bertran de Born était amoureux d'une dame gentille et jeune et fort prisée, qui avait nom Madame Maheut de Montaingnac[22] femme de Sire Talairan, qui était frère du comte de Périgord ; et elle était fille du vicomte de Turenne, et sœur[23] de Madame Marie de Ventadour et de Dame Élis de Montfort. Et selon ce qu'il dit dans son chant, elle l'éloigna d'elle et lui donna congé, ce dont il fut fort triste et marri, et il se rendit compte que jamais il ne la recouvrerait, et il n'en trouvait point d'autre qui fût aussi belle, aussi bonne, aussi charmante, et aussi bien élevée qu'elle. Il pensa alors, puisqu'il ne pourrait en recouvrer aucune qui pût, elle, égaler sa dame, à en faire une en telle manière qu'il empruntât[24], aux autres dames bonnes et belles, à chacune une beauté, un bel accueil, une aimable façon de parler, une belle manière d'agir, une belle taille ou un beau port de personne. Ainsi donc il se mit à demander à toutes les bonnes dames de lui faire, chacune, un de ces dons que

---

    22. Montignac, chef-lieu de canton, arrondissement de Sarlat (Dordogne). Cette dame « n'a jamais existé, de même que son prétendu mari, Talairan, frère du comte de Périgord » (Stronski, *Lég. amoureuse de B. de Born*, pp. 8-33 et 86-87. Cité par B.-Sch., p. 352).
    23. Erreur du biographe selon Stronski. Les « trois de Turenne » (Corrèze), nommées d'après le château de leurs maris, étaient *Marie de Ventadour* (Corrèze), *Élis de Montfort* (Dordogne) et *Contors de Comborn* (Corrèze).
    24. De *soissebre* (suscipere).

vous m'avez entendu énumérer, pour reconstituer la Dame qu'il avait perdue. Et dans le sirventès qu'il fit sur ce thème, vous entendrez nommer toutes les dames auxquelles il alla demander aide et secours pour faire la dame « empruntée ». Et le sirventès qu'il fit sur ce thème commence ainsi : Dame, puisque de moi ne vous souciez…

RAIMON JORDAN, VICOMTE DE SAINT-ANTONIN

« Vie »

Raimon Jordan fut vicomte de Saint-Antonin[25], seigneur d'un riche bourg qui est en Quercy. Il fut d'humeur agréable, généreux, habile aux armes. Il sut composer des vers et bien courtiser les dames. Il fut amoureux de la femme de sire R. Amiel[26] de Penne en Albigeois qui était un baron honoré. La dame était belle, jeune, bien éduquée, et elle voulait plus de bien au vicomte qu'à personne au monde, et lui était dans les mêmes sentiments. Il advint que le vicomte fut en guerre avec ses ennemis, fut blessé dans une bataille et porté pour mort à Saint-Antonin. Et la nouvelle arriva à la dame qu'il était mort. Elle en eut telle douleur qu'elle entra chez les Patarins. Le vicomte guérit de sa blessure. Mais quand il sut que la dame était entrée en religion[27], il en eut telle douleur qu'il ne fit plus de vers ni de chansons.

Et il y a ici de ses œuvres.

---

25. Saint-Antonin, chef-lieu de canton au nord-est de Montauban, Tarn-et-Garonne. – « Il nous reste de ce troubadour [de la fin du XIIe siècle] une douzaine de chansons dont plusieurs sont d'attribution douteuse » (B. et Sch.).
26. Amiel de Penne : peut-être coseigneur avec R. Jordan. Penne, canton de Vaour, au nord-ouest de Gaillac, Tarn.
27. Ici le catharisme : elle devint ou aspirait à devenir « parfaite ». – La version de ABIK, razo de 404, 9 et 12, dit que la dame « se rendit en l'ordre des hérétiques ». Il a existé, en Occitanie, jusqu'à la croisade contre les Albigeois, des « couvents » de femmes cathares.

ARNAUT DE MAREUIL[28]

« *Razo* » *de 30, 19,*
Bien douces étaient mes pensées

Vous avez entendu qui fut Arnaut de Mareuil et comment il s'énamoura de la comtesse de Béziers, qui était fille du bon comte Raimon de Toulouse, et mère du vicomte de Béziers[29] que les Français tuèrent quand ils l'eurent pris à Carcassonne ; cette vicomtesse était dite comtesse de Burlatz parce qu'elle était née au château de Burlatz. Arnaut lui voulait grand bien et il fit d'elle de fort bonnes chansons, et il la pria fort avec grande crainte, et elle aussi lui voulait grand bien. Mais le roi Alfonse[30] qui était amoureux de la comtesse, s'aperçut du bien qu'elle voulait à Arnaut de Mareuil, et il fut très jaloux et dolent quand il vit les semblants amoureux qu'elle faisait à Arnaut. Et il entendit les bonnes chansons qu'il avait faites d'elle, et il lui fit des reproches au sujet d'Arnaut. Et il lui dit tant et il lui fit tant dire qu'elle donna congé à Arnaut et l'avertit sévèrement de ne plus paraître devant elle, de ne plus faire de chansons sur elle, d'avoir à s'éloigner tout à fait et renoncer à son amour, et cesser de la prier.

Arnaut de Mareuil, quand il s'entendit ainsi donner congé, éprouva une douleur au-dessus de toute

---

28. Voir notice biographique, le concernant, p. 70.
29. Raimon Roger, né en 1185, mourut en 1209 – sans doute empoisonné – dans la prison de la cité de Carcassonne où Simon de Montfort l'avait fait enfermer.
30. Alfonse II d'Aragon.

douleur, et il quitta la comtesse et sa cour, comme un homme désespéré, et alla auprès de sire Guilhem de Montpellier[31], qui était son ami et son seigneur. Il demeura longtemps avec lui, et là il se plaignit, là il pleura sa dame perdue et là il fit cette chanson qui dit :

« Bien douces étaient mes pensées »

laquelle est écrite ici telle que vous l'entendrez[32].

---

31. Guillaume VIII. La cour de ce seigneur était très célèbre.
32. « Telle qu'on vous la chantera. » Ces quelques mots nous expliquent sans doute comment les auditeurs du XIIIe siècle pouvaient suivre et comprendre des poésies difficiles, alors que si souvent aujourd'hui les paroles chantées nous échappent. On devait connaître – du moins dans de nombreux cas – soit le texte isolé d'une chanson nouvelle soit le recueil ou « livret » des chansons d'un même troubadour.

PEIRE VIDAL[33]

« *Razo* » *de 364, 16,*
J'avais cessé de chanter

Peire Vidal, par la mort du bon comte Raimon de Toulouse[34], fut fort affligé et se donna grande tristesse. Il se vêtit de noir, tailla la queue et les oreilles de tous ses chevaux, et à lui-même et à tous ses serviteurs, il fit raser les cheveux (de la tête). Ils ne se firent plus tailler la barbe ni les ongles. Il alla ainsi longtemps comme un homme fou et misérable.

Et il advint dans le temps qu'il allait ainsi affligé, que le roi sire Alphonse d'Aragon[35] vint en Provence. Vinrent avec lui Blascol Romieu et sire Guarsias Romieu, et sire Martin du Canet, et sire Miguel de Luzia et sire Sans d'Antilon et sire Guillem d'Alcala et sire Albert de Castelvieil et sire Raimon Gauseran de Pinos et sire Guillem Raimon de Moncade et sire Arnaut de Castelbon et sire Raimon de Cerveira[36]. Ils trouvèrent Peire Vidal ainsi triste et dolent, et ainsi arrangé à la manière d'un malheureux et d'un fou. Et

---

33. Voir notice biographique le concernant, p. 72.
34. Raimon V, mort en 1194.
35. Alphonse II, 1162-1196, comte de Barcelone 1162, roi d'Aragon 1164, comte de Provence 1166 (laissée en commende à son frère Raimon Bérenger 1168).
36. « Il est notable que dans cette 'razo' *fabuleuse*, tous les chevaliers mentionnés sont des personnages authentiques, nommés dans des documents du temps d'Alphonse II, de Pierre II et de Jacques Ier ; certains combattront à Las Navas et à Muret, plusieurs figurent » [chez d'autres troubadours]... (B. et Sch., p. 406).

le roi commença à le prier, ainsi que tous les autres, ses barons, qui étaient ses amis intimes, disant qu'il devait laisser cette douleur, se réjouir et chanter ; et qu'il devait faire une chanson, qu'ils emporteraient en Aragon. Le roi le pria tant – ses barons aussi – qu'il leur répondit qu'il reviendrait à la joie, qu'il laisserait le deuil qu'il menait, et qu'il ferait la chanson et ce qui lui plairait.

Et donc il aimait la Louve de Pennautier[37] et ma dame Stephania[38] qui était de Cerdagne. Et pour lors, il était de nouveau épris de madame Raimbaude de Biol, femme de sire Guillem Rostanh, seigneur de Biol. Biol[39] est en Provence, dans la montagne qui sépare la Provence de la Lombardie. La « Loba » était du Carcassès, et Peire Vidal se faisait appeler « Loup » en son honneur et portait un loup dans ses armes. Et en la montagne de Cabaret[40], il se fit chasser par les bergers et leurs mâtins et lévriers, comme on chasse le loup. Il vêtit une peau de loup pour faire croire aux bergers et aux chiens qu'il en était un. Et les bergers et les chiens le chassèrent et le battirent[41] de telle sorte qu'il fut porté pour mort au logis de la Louve de Pennautier.

Quand elle sut que c'était Peire Vidal, elle se mit à s'amuser énormément de la folie que Peire Vidal avait faite, et à en rire beaucoup, ainsi que son mari. Ils le

---

37. Orbria de Pennautier (au nord et canton de Carcassonne), femme de Jordan de Cabaret. – Mais il « aime » – et chante plusieurs dames.

38. Stephania de Son (Usson, canton de Quérigut, arrondissement de Foix, Ariège), femme de Bernard d'Alion, seigneur de Son.

39. Aujourd'hui Beuil, canton de Guillaumes, arrondissement de Puget-Théniers, A. M.

40. La montagne sur laquelle est bâti le château (ou plutôt les quatre châteaux) de Cabaret, capitale du Cabardès (aujourd'hui ruinés, à Lastours, canton de Conques, Aude). De Lastours à Pennautier il y a environ 12 km.

41. La leçon *barateron* (du ms. I et B.-Sch.) (le trompèrent ?) paraît justement inadmissible à Jeanroy (*Poésie lyrique*, I, 112).

reçurent avec grande allégresse. Le mari le fit prendre (sur sa litière) et mettre en un lieu tranquille, du mieux qu'il sut et put faire. Il fit appeler un médecin et le fit soigner, jusqu'à ce qu'il fut guéri.

Et puisque j'ai commencé à vous dire de Peire Vidal qu'il avait promis au roi et à ses barons de chanter et de faire des chansons [donc, j'ajoute que] quand il fut guéri, le roi fit faire des armes et des vêtements pour lui et pour le troubadour, et Peire Vidal s'en revêtit et il se para fort bien[42], et il fit alors cette chanson, que vous allez entendre, qui dit :

> J'avais cessé de chanter
> Par tristesse et par douleur
> [Que j'ai au sujet du comte mon seigneur].

NOTA – Cette histoire de loup est entièrement controuvée, disent les romanistes, et a été imaginée par l'auteur de la *Razo* pour divertir ses auditeurs, d'après les vers suivants de la chanson : « Et bien que vous m'appeliez loup – Je ne tiens pas cela pour un déshonneur, – Non plus si les bergers crient après moi – Et si je suis pourchassé par eux. » La Louve dit que je suis sien – Et elle en a bien droit et motif. » Tout en admettant que la *Razo* ait un peu « *brodé* » et « surchargé », pourquoi n'y aurait-il pas eu entre Peire Vidal, la châtelaine « Louve » de Pennautier et son mari – noter le mari admettant le troubadour comme cavalier servant (tel le futur sigisbée) et chantre de sa femme – un jeu de société courtoise, une mascarade plaisante fondée sur la fiction du « loup » de la dame ? Le fantaisiste P. Vidal était très capable de vouloir la réaliser, mais les bergers du voisinage ne sont pas « entrés dans le jeu » ou y sont entrés trop brutalement, mettant à mal le héros de la farce, non pourtant tout à fait « mort » ! Bref, nous croyons que l'épisode a pu

---

42. Renonçant ainsi à sa tenue de deuil.

ne pas être entièrement imaginaire. – Il est, en tout cas, antérieur au deuil qu'a porté le poète après la mort du comte Raimon V de Toulouse.

PEIRE VIDAL

«*Razo*» *des chansons 364, 2, 36, 37, 48*

Peire Vidal – ainsi que je vous l'ai dit – faisait la cour à toutes les bonnes dames et croyait que toutes lui voulaient du bien par amour.

Et ainsi il courtisait ma dame Alazaïs[43], qui était la femme de sire Barral, le seigneur de Marseille, lequel aimait Peire Vidal plus qu'aucun autre homme du monde, à cause de son remarquable talent et des belles folies qu'il disait et qu'il faisait. Et ils s'appelaient entre eux « Rainier ». Et ainsi Peire Vidal était intime en cour et en chambre avec sire Barral, plus que personne au monde.

Sire Barral savait donc bien que Peire Vidal faisait la cour à sa femme, et regardait cela chez lui comme un amusement, ainsi que tous ceux qui le savaient. Et il était mis en joie par les folies qu'il faisait ou disait, et la dame aussi prenait la chose en riant, comme le faisaient toutes les autres dames que Peire Vidal courtisait. Et chacune lui disait des paroles aimables et lui promettait tout ce qui lui plaisait et qu'il demandait. Et il était si simple qu'il croyait tout cela. Et quand Peire

---

43. Pour M. Hoepffner « Alazaïs a existé non pas comme épouse de Barral, mais comme sœur de Boniface de Montferrat, mariée au marquis de Saluces ». Cf. la *Vida* de Raimbaut de Vaqueiras (Boutière-Schutz, p. 271, 5 et 273, 40 « ma dona N'Alazais, comtessa de Salutz, sofria Peire Vidal per entendedor »). « Peire renonce pour elle à sa chère Provence. Il a dû la voir et la chanter à la cour de Boniface. » Le *Peire Vidal* de M. Hoepffner éclaircit définitivement toute cette histoire du « baiser volé ».

Vidal se fâchait avec Alazaïs, sire Barral rétablissait la paix et lui faisait promettre tout ce qu'il demandait.

Un jour Peire Vidal apprit que sire Barral s'était levé et que la dame était toute seule dans la chambre. Peire Vidal y entre, vient vers le lit de ma dame Alazaïs et la trouve dormant. Il s'agenouille devant elle et l'embrasse sur la bouche. Elle sentit le baiser, crut que c'était sire Barral, son mari, et se souleva en souriant. Mais elle regarde et vit que c'était ce fou de Peire Vidal. Alors elle commença à crier et à faire grand bruit. Les donzelles vinrent de l'appartement, en entendant ces cris, et demandèrent : « Qu'est ceci ? » Et Peire Vidal sortant de la chambre prit la fuite. La dame ayant appelé sire Barral lui fit de grandes plaintes au sujet de Peire Vidal, qui l'avait embrassée, et le pria en pleurant : il devait en prendre aussitôt vengeance. Et sire Barral, en homme de mérite et de jugement, prit la chose en plaisanterie et se mit à rire et à reprendre sa femme d'avoir fait tant de bruit pour cet acte d'un fou. Mais il ne put l'empêcher de faire grand tapage autour de l'incident, demandant et exigeant le châtiment de Peire Vidal et proférant contre lui de grandes menaces.

Peire Vidal, effrayé de cela, monta à bord d'une nef et s'en alla à Gênes ; et il y resta jusqu'à ce qu'ensuite il passa outre-mer avec le roi Richard[44]. Car il avait pris peur que ma dame Alazaïs ne voulût le faire supprimer. Il resta là-bas un long temps et il y fit maintes bonnes chansons, où il se souvient du baiser qu'il avait dérobé. Et il dit – dans une chanson qui commence ainsi : « Ajuster et lacer », qu'il n'avait eu de sa dame aucune récompense,

> Sauf un petit cordon.
> Si, j'eus autre chose : un matin
> J'entrai dans sa maison

---

44. À la Troisième croisade de 1189-1192 ; « nous ignorons si le renseignement est exact » (B.-Sch.).

> Et je lui baisai à la dérobée
> La bouche et le menton.

Et en un autre endroit il dit :

> Je serais plus honoré que tout homme né (en ce monde)
> Si le baiser volé m'était donné
> Et cette dette gentiment remise [45].

Et en une autre chanson il dit :

> Amour me bat bien avec les verges que je cueille,
> Car une fois, dans son royal château,
> Je lui dérobai un baiser, dont il me souvient si fort !
> Ah ! Comme il souffre durement, celui qui ne voit pas ce qu'il aime.

Il resta ainsi longtemps outre-mer, car il n'osait revenir et rentrer en Provence. Sire Barral qui lui voulait tout le bien que vous avez entendu, pria donc tellement sa femme qu'elle lui pardonna le vol du baiser et le lui octroya en don. Sire Barral fit donc mander Peire Vidal et lui fit connaître le pardon et la bonne volonté de sa femme. Il vint avec grande allégresse à Marseille, et en grande allégresse il fut reçu par sire Barral et par ma dame Alazaïs. Et elle lui octroya en don le baiser qu'il lui avait dérobé. Là-dessus Peire Vidal fit la chanson qui dit :

> Puisque je suis revenu en Provence,

que vous allez entendre. [46]

---

45. Litt. : Et gentiment acquitté (remis).
46. Peire Vidal, ce Toulousain fantaisiste et rêveur, a dit de façon exquise le charme de la Provence – où est sa Dame. C'est donc à juste titre sur une parole de lui que Mistral clôt la rêverie où il évoque les cours d'amour d'antan : *Peire Vidal diguè : « Que i ague quaucarèn – De plus*

RAIMBAUT DE VAQUEIRAS[47]

Vida « et Razos » de 392, 20, « Jamais je ne pensai voir » et 24 « Hiver ni printemps ne me plaît »

Raimbaut de Vaqueiras fut d'un château qui avait nom Vaqueiras[48] ; il était le fils d'un pauvre chevalier qui avait nom Peirol, et qui passait pour fou.

Et Raimbaut se fit jongleur et demeura longtemps auprès du prince d'Orange[49] qui s'appelait sire Guilhem de Baux. Il savait bien chanter et faire coblas et sirventès et le prince d'Orange, donc, lui fit grand bien et grand honneur, le mit en avant, le fit connaître et apprécier des gens de qualité.

Il alla à Montferrat, chez le marquis Boniface[50]. Il resta longtemps avec lui et accrut si bien sa renommée aux armes, et dans la poésie, qu'il eut grand Prix à la cour. Et le marquis, pour la grande valeur qu'il reconnut en lui, le fit chevalier, le prit comme compagnon d'armes et compagnon de vêtements[51].

Par suite, il s'énamoura de la sœur du marquis, qui

---

dous que Prouvènço e qu'amour fugue rèn – o fraire dóu Miejour, leissas lou dire en d'autre. » Pierre Vidal dit : « Qu'il y ait quelque chose – de plus doux que Provence et qu'amour ne soit rien, – ô frères du Midi, laissez-le dire à d'autres » (« Romanin » 1860, dans *les Îles d'or*).

47. Voir notice biographique le concernant, p. 75.
48. « Vacqueyras », canton de Beaumes-de-Venise, arrondissement et à l'est d'Orange. Ce château appartenait au prince d'Orange qui le céda à Raimon VI, comte de Toulouse, en 1210 (Chabaneau).
49. Guillem III de Beaux, prince d'Orange (1182-1218).
50. Boniface de Montferrat, chef de la Quatrième croisade, devint roi de Salonique et mourut en 1207.
51. Il arrive qu'un seigneur habile exactement comme lui-même le

s'appelait Madame Béatrice et était la femme d'Henri de Carrét[52]. Il composa sur elle maintes bonnes chansons. Il l'appelait « Beau Cavalier ».

Il l'appelait ainsi parce qu'il était échu à sire Raimbaut cette aubaine qu'il pouvait voir Madame Béatrice, quand il le voulait, pourvu qu'elle fût en sa chambre – par un soupirail : aussi personne ne s'en apercevait. Un jour que le marquis revenait de la chasse, il entra dans la chambre, posa son épée à côté d'un lit, et sortit. Et madame Béatrice demeura dans la chambre, ôta son manteau et ne garda que la gonnelle. Et elle prit l'épée et se la ceignit à la manière d'un chevalier. Elle la tira du fourreau, la jeta en l'air, la reprit en main[53] et l'ayant à bout de bras la brandit à droite et à gauche[54]. Puis elle la remit au fourreau, se l'ôta de la ceinture et la remit à côté du lit.

Et sire Raimbaut de Vaqueiras voyait par le soupirail tout ce que je viens de vous dire. Et depuis ce jour il l'appela en toutes occasions « Beau chevalier » dans ses chansons[55], comme il dit dans la première strophe de la chanson qui commence ainsi :

« Jamais je ne pensai voir – qu'Amour m'étreignît – si fort que ma dame – me tînt complètement en son pouvoir. – Car contre l'orgueil des dames – je serais orgueilleux comme à l'accoutumée : – mais Beauté et Jeunesse – et la noble personne gracieuse – et les joyeux dits aimables – de mon « Beau chevalier » – m'ont apprivoisé de sauvage que j'étais ; – et une fois que dur

---

troubadour ou le jongleur qu'il veut honorer. Alfonse II d'Aragon agit pareillement avec Peire Vidal.

52. C'est la fille de Boniface qui s'appelait *Béatrice*. Aucune de ses deux sœurs n'épousa Henri de C.

53. Comme un jongleur.

54. Litt. : « de part et d'autre ».

55. « Tout ce passage [depuis *E per aisso l'apellava*], de pure imagination, ne vise qu'à expliquer le *senhal* de *Bel Cavalier* » (B.-Sch.).

cœur s'adoucit – envers Amour, en lieu de haut prix, – il sait mieux aimer sa dame – qu'humble trop amoureux – qui a envie de toutes. »

Et l'on crut qu'elle lui voulait du bien par amour. Et ainsi il demeura longtemps avec le marquis, et eut grand bonheur avec lui.

Quand le marquis passa en Romanie, il emmena avec lui sire Raimbaut de Vaqueiras. Il fut bien triste de ce départ à cause de l'amour qu'il avait pour sa dame qui restait de ce côté-ci, parmi nous. Et volontiers, il serait resté. Mais pour l'affection qu'il portait au marquis en reconnaissance du grand honneur qu'il avait reçu de lui, il n'osa pas refuser. Et c'est ainsi qu'il partit avec lui. Toutefois, il s'efforça d'acquérir valeur par les armes, par la guerre, et par tous exploits dignes de louange. Il acquit ainsi grand honneur et grande richesse. Mais tout cela ne lui faisait pas oublier son chagrin d'amour, comme il le dit dans la quatrième strophe de la chanson[56] qui commence ainsi (392, 24) « Hiver ni printemps ne me plaît » et cette strophe dit :

À quoi bon la conquête et la richesse ?
Je me tenais pour bien plus riche
Quand j'étais aimé et aimais vraiment.
L'Amour, Sire Anglais[57], repaissait mon cœur ;
Et j'aimais mieux un seul de ses plaisirs
Qu'ici grande cour et grands biens.
Toujours, plus s'accroît ma puissance
Plus grand chagrin j'ai en moi-même,
Puisque mon Beau Chevalier chéri
Et Joie m'ont quitté et m'ont fui.

---

56. Composée sans doute en 1205, à Salonique.
57. *senhal* de Boniface (Zingarelli), ou d'une dame (De Bartholomaeis) ? Une autre pièce de Raimbaut lui est adressée (*Engles, un novel descort*).

Aussi ne me naîtra plus jamais réconfort
Parce que la tristesse est plus grande et plus forte.

Ainsi vivait Raimbaut de Vaqueiras, comme vous l'avez entendu, et il montrait meilleur visage que ne lui permettait son cœur. Donc il eut là une grande seigneurie que le marquis lui avait donnée au royaume de Salonique ; et c'est là qu'il mourut.

« *Razo* » de 364, 47 (*Peire Vidal, on a dit tant de bien du Marquis*)

Et il advint que la dame se coucha pour dormir avec lui. Et le marquis – qui l'aimait tant[58] – les trouva tous deux endormis. Il en fut courroucé. Mais comme un homme sage, il ne voulut pas porter la main sur eux. Il prit simplement son manteau et les couvrit. Puis, emportant à la place du sien le manteau de sire Raimbaut, il se retira.

Et quand sire Raimbaut se leva, il comprit bien tout ce qui s'était passé. Il mit le manteau sur ses épaules et alla droit au marquis. Il s'agenouilla devant lui et lui demanda merci. Le marquis vit bien qu'il savait comment cela était arrivé, et il lui rappela les gentillesses qu'il lui avait faites en maintes occasions. Et comme il lui demandait à mots couverts – pour qu'on ne comprît pas le sens du pardon demandé – de ne pas lui tenir rigueur de s'être laissé aller[59] à le voler, ceux qui entendirent cela crurent qu'il voulait parler du manteau, parce qu'il le lui avait pris. Et le marquis lui accorda son pardon en lui défendant de jamais recommencer à l'avenir à porter les yeux sur sa robe. Et la chose resta entre eux deux[60].

Après quoi il advint que le marquis – avec ses troupes

---

58. Qui aimait tant Raimbaut.
59. Litt. : « s'être employé à » ; *rauba*, « vol » ; ici : « vol de sa femme ».
60. Litt. : « ne fut sue que par eux deux ».

– passa en Romanie, et avec grande aide de l'Église : il y conquit le royaume de Salonique. Et alors sire Raimbaut fut fait chevalier pour les exploits qu'il accomplit. Et là-bas le marquis lui donna grande terre et grosse rente. Et il y mourut.

Et en ce qui concerne la sœur du marquis, il écrivit une chanson qu'il envoya à sire Peire Vidal, laquelle dit (364, 47) : « Tant j'ai dit de bien du marquis. »

Et vous trouverez ici de son œuvre.

ARNAUT DANIEL[61]

« *Vie* »

Arnaut Daniel donc fut de cette même contrée d'où fut sire Arnaut de Mareuil, de l'évêché de Périgord, d'un château qui a nom Ribérac; et il fut gentilhomme. Et il apprit bien les lettres et il se fit jongleur et il se délecta à trouver en rimes précieuses; c'est pourquoi ses chansons ne sont faciles ni à comprendre ni à apprendre. Et il aima une haute dame de Gascogne, femme de sire Guilhem de Bouvile; mais on ne crut pas que jamais la dame lui fît plaisir selon le droit d'amour. C'est pourquoi il dit:

> Je suis Arnaut qui amasse le vent
> Et je chasse le lièvre à l'aide du bœuf
> Et je nage contre le flux.

Longtemps il s'arrêta à cet amour et il en fit beaucoup de bonnes chansons; et il était homme fort avenant et courtois.

---

61. Voir notice biographique le concernant, p. 77.

Arnaut et le jongleur à la cour de Richard Cœur de Lion

Et il arriva par hasard qu'il fut en la cour du roi Richard d'Angleterre, et alors qu'il était en cette cour, un autre jongleur le défia, prétendant qu'il « trouvait » sur des rimes plus « précieuses » que lui. Arnaut tint cela pour une plaisanterie, et ils firent enjeux chacun de son palefroi, qui sera à la disposition du roi. Et le roi enferma chacun d'eux en une chambre. Et sire Arnaut, de l'ennui qu'il en eut, n'eut pas le pouvoir de lier un mot avec un autre. Le jongleur fit sa chanson aisément et vite ; et ils n'avaient que dix jours de délai, et (voici déjà que le) jugement devait se faire par le roi au bout de cinq jours. Le jongleur demanda à sire Arnaut s'il avait fini, et sire Arnaut répondit que oui, il y avait trois jours passés ; et il n'avait pas pensé à la chose. Et le jongleur chantait toute la nuit sa chanson, afin de bien la savoir. Et sire Arnaut pensa comment il lui jouerait un tour, jusqu'à ce que vint une nuit : et le jongleur chantait la chanson, et sire Arnaut se trouve la retenir toute ainsi que l'air. Et quand ils furent devant le roi, sire Arnaut dit qu'il voulait réciter sa chanson, et il commença fort bien la chanson que le jongleur avait faite. Et le jongleur, quand il l'entendit, le regarde au visage et dit que c'était lui qui l'avait faite. Et le roi demanda comment il se pouvait faire. Et le jongleur pria le roi qu'il en sût la vérité, et le roi demanda à sire Arnaut comment cela avait été. Et sire Arnaut lui raconta tout comme cela avait été ; et le roi en eut grande joie et tint tout cela à grande risée, et les gages furent libérés, et à chacun il fit donner de beaux présents ; et à Arnaut Daniel fut donné[62] le chant, qui dit :

Jamais je ne l'eus, mais lui (l'Amour) il m'a.

---

62. Faut-il le croire ? Tout dans cette pièce porte la marque d'Arnaut. Mais l'anecdote est jolie.

GUILLEM DE CABESTANH[63]
« *Vie* »

Guillem de « Capestaing » donc fut un chevalier de la contrée de Roussillon, qui confinait à la Catalogne et au Narbonnais. Il fut fort aimable et estimé pour les armes, le service et la courtoisie.

Et il y avait dans son pays une dame qui avait nom ma dame Sérémonde[64], femme de sire Raimon du Château de Roussillon[65], qui était fort puissant et noble et méchant et rude et farouche et orgueilleux. Et Guillem de Capestaing donc lui aimait d'amour sa femme, et chantait d'elle et d'elle faisait ses chansons. Et la dame, qui était jeune et noble et belle et plaisante, lui voulait donc du bien plus qu'à personne au monde. Et cela fut dit à sire Raimon du Château de Roussillon. Et lui, en homme irrité et jaloux, s'enquit du fait, sut qu'il était vrai, et fit garder sa femme étroitement.

Et quand vint un certain jour, Raimon du Château Roussillon trouva Guillem prenant son repas sans grande compagnie et le tua; et il lui ôta le cœur du corps, le fit porter par un écuyer à son hôtel, le fit rôtir

---

63. Aujourd'hui Cabestany (pron. comme *nh* = gn mouillé), à 2 km sud-est de Perpignan. G. de C. est peut-être le même qu'un *Guillem de Cabestany* nommé parmi les combattants de Las Navas de Tolosa (Mila, *Trovadores*, p. 44). Voir notice le concernant, p. 79.
64. Autre ms. *Soremonda*. C'est Saurimonde de Peralada (B.-Sch.), château voisin de Torreilles, à 6 km nord-est de Perpignan.
65. Aujourd'hui Château-Roussillon, à 2 km sud-est de Perpignan.

et préparer en poivrade, et le fit donner à manger à sa femme. Et quand la dame eut mangé devant lui[66] le cœur de Guillem de Capestaing, sire Raimon lui dit à qui il était. Et elle, quand elle entendit cela, perdit la vue et l'ouïe. Et quand elle revint à elle, elle dit ainsi : « Seigneur, vraiment vous m'avez donné si bon manger que jamais je n'en mangerai d'autre. » Et quand il entendit ce qu'elle disait, il courut à son épée et voulut la frapper à la tête ; et elle s'en alla au balcon et se laissa tomber en bas, et elle mourut[67].

66. Litt. : *lui* eut mangé.
67. Cette fin (depuis *E quant venc.*), « simple adaptation du conte du 'cœur mangé', est contredite par les documents : Raimon qui était le second mari de Saurimonde, ne causa pas la mort de son épouse ; cette dernière apparaît, mariée en troisièmes noces avec Adhémar de Mosset, dans des pièces d'archive de 1210 à 1221 » (Boutière-Schutz). – L'histoire du « cœur mangé » est un thème du folklore amoureux de presque tous les peuples modernes et se retrouve dans l'Inde, selon Gaston Paris (le mari jaloux tue l'amant dont il fait manger le cœur à sa femme). Elle est traitée déjà dans les lais en oïl, antérieurs au XIIe siècle, de *Guiron* (perdu) et d'*Ignaure*, sera reprise à la fin du XIIIe siècle par Jakemon Sakesep dans le poème du châtelain de Couci et de la dame du Fayel, publié à Paris, en 1839 par Crapelet, puis par M. Delbouille (Société des anciens textes français, 1936).

« *Razo* » de 213, 5, *Le doux souci*
Vers. du ms P [68]

Monseigneur Raimon de Roussillon fut un vaillant baron, comme vous le savez, et il eut pour femme Madame Marguerite [69], la plus belle Dame que l'on connût en ce temps et la plus estimée pour toutes ses belles qualités, la plus douée de toute valeur et de toute courtoisie. Il advint alors que Guillem de Cabestanh, qui fut fils d'un pauvre chevalier du château de Cabestanh, vint en la cour de Monseigneur Raimon de Roussillon, se présenta à lui et lui demande s'il lui plaisait qu'il fût varlet de sa cour. Monseigneur Raimon, qui le vit beau et avenant, et auquel il parut de bonne origine, lui dit qu'il était le bienvenu et l'engagea à demeurer en sa cour. Ainsi Guillem demeura avec lui et sut se conduire si agréablement que petits et grands l'aimaient. Et il sut tant gagner en prix que Monseigneur Raimon voulut qu'il fût donzel de madame Marguerite, sa femme. Et ainsi fut fait. Alors s'efforça Guillem de valoir plus encore et en dits et en faits. Mais comme il a coutume d'en advenir en amour, il arriva qu'Amour voulut assaillir madame Marguerite, et enflamma sa pensée. Tant lui plaisait la conduite de Guillem, et son dire et

---

68. Stendhal a donné une traduction de cette version de la Vida au chapitre LII (La Provence au XIIe siècle) de *De l'amour* (Boutière-Schutz). Nous nous en inspirons assez souvent.
69. En réalité Saurimonde.

son semblant, qu'elle ne put s'empêcher de lui dire un jour : « Or çà, dis-moi, Guillem, si une femme te faisait semblant d'amour, oserais-tu bien l'aimer ? » Guillem, qui s'en était aperçu, lui répondit tout franchement : « (Oui), Madame, si seulement je savais que les semblants fussent sincères. » – « Par saint Jean, fit la Dame, vous avez bien répondu, en homme de valeur ; mais je veux maintenant t'éprouver et savoir si tu pourras connaître et distinguer, en fait de semblants, quels sont les vrais et quels sont les faux. » Quand Guillem eut entendu ces paroles, il répondit : « Ma Dame, qu'il en soit ainsi comme il vous plaira. » Il commença à devenir pensif et aussitôt Amour lui chercha guerre, et les pensers qu'Amour envoie aux siens lui entrèrent tout au profond du cœur. Et dès lors il se mit au nombre des servants d'amour et commença à « trouver » de petits couplets gracieux et gais, et des chansons à danser et des chansons plaisantes à chanter. Par tous il était fort agréé, plus par celle pour laquelle il chantait. Or Amour qui accorde à ses servants leur récompense au moment qu'il lui plaît, voulut donner à Guillem le prix de son amoureux service. Il presse la Dame si fort de pensers et de réflexions d'amour que ni jour ni nuit elle ne pouvait reposer, songeant à la valeur et à la prouesse qui en seigneur Guillem si largement s'était logée et mise. Un jour il arriva que la Dame prit à part Guillem et lui dit : « Guillem, or ça, dis-moi, as-tu pu deviner déjà si mes semblants sont véritables ou mensongers ? » Guillem répond : « Madame, ainsi Dieu me soit en aide ! à partir du moment où j'ai été votre servant, il ne m'a pu entrer au cœur nulle pensée que vous ne fussiez la meilleure qui naquit jamais et la plus sincère en paroles et en semblants. Cela, je le crois et le croirai toute ma vie. » Et la Dame répondit : « Guillem, je vous dis, ainsi Dieu me protège ! que vous ne serez jamais trompé par moi, et que les pensers que vous avez de moi ne seront pas vains. » Et elle étendit les bras et l'embrassa doucement dans la chambre où ils étaient tous deux assis et là ils commencèrent leurs amours. Et il ne tarda guère que les médisants – Dieu les ait en ire – se mirent à parler de leur druerie et à faire des commentaires sur les chansons que Guillem faisait, disant qu'il avait mis son amour en madame Marguerite. Et tant ils parlèrent à tort et à travers que la chose vint aux oreilles de monseigneur Raimon. Alors il fut grandement peiné et fort grièvement triste d'abord parce qu'il lui fallait perdre son compagnon qu'il aimait tant, et plus encore pour la honte de sa femme.

Un jour il arriva que Guillem s'en était allé à la chasse à l'épervier avec un écuyer seulement. Et monseigneur Raimon fit demander où il était ; et un valet lui répondit qu'il était allé à l'épervier, et tel qui le savait ajouta qu'il était de tel côté. Sur-le-champ Raimon prend des armes cachées et se fait amener son cheval et prend tout seul son chemin dans la direction où Guillem était allé : tant il chevaucha qu'il le trouva. Quand Guillem le vit arriver, il en fut fort étonné, et aussitôt il lui vint de fâcheuses pensées. Il s'avança à sa rencontre et lui dit : « Seigneur, soyez le bienvenu. Comment êtes-vous ainsi seul ? » Monseigneur Raimon répondit : « Guillem, c'est que je vais vous cherchant pour me divertir avec vous. N'avez-vous rien pris ? » – « Je n'ai guère pris, seigneur, car je n'ai guère trouvé. Et vous savez que « qui peu trouve ne peut guère prendre » : le proverbe l'assure. » – « Laissons là maintenant ces propos, dit monseigneur Raimon, et par la foi que vous me devez, dites-moi la vérité sur ce que je voudrai vous demander. » – « Par Dieu ! seigneur, dit Guillem, si c'est chose qu'on peut dire, bien vous la dirai-je. » – « Je veux que vous ne me teniez ici rien de caché, dit monseigneur Raimon, mais vous me direz tout, entièrement, sur ce que je vous demanderai. » – « Seigneur, autant qu'il vous plaira me demander, dit Guillem, autant vous dirai-je la vérité. » Et monseigneur Raimon demande : « Guillem – ainsi Dieu et votre Foi vous aident ! – avez-vous une Dame pour qui vous chantiez et pour laquelle Amour vous tourmente ? » Guillem répond : « Seigneur, comment ferais-je pour chanter, si Amour ne me pressait pas ? Sachez-le en vérité, monseigneur, Amour m'a tout en son pouvoir. » – « Je veux bien le croire, qu'autrement vous ne pourriez pas si bien chanter ; mais je veux le savoir, s'il vous plaît : dites-moi qui est votre Dame. » – « Ah ! seigneur, au nom de Dieu, dit Guillem, voyez ce que vous me demandez. Et s'il est une raison au monde pour qu'on doive découvrir son amour. Vous savez pourtant bien que Bernard de Ventadour dit :

Sur un point ma raison me vient en aide :
Jamais personne ne s'est enquis de ma joie
Que volontiers je ne lui en aie menti ;
Car ce n'est point là bonne doctrine,
Mais plutôt folie et enfantillage
Que quiconque a trouvé le bonheur d'Amour
En veuille découvrir son cœur à un autre homme,
À moins que celui-ci ne puisse l'y servir et l'y aider.

Monseigneur Raimon répond : « Je vous donne ma foi que je vous y servirai selon mon pouvoir. » Raimon en dit tant que Guillem lui répondit : « Seigneur, il faut que vous sachiez que j'aime la sœur de madame Marguerite, votre épouse, et que je pense en avoir échange d'amour. Maintenant que vous le savez, je vous prie de venir à mon aide ou que du moins vous ne m'y portiez pas dommage. » – « Prenez ma main et mes assurances, fit Raimon, je vous promets et vous jure que j'emploierai pour vous tout mon pouvoir. » Et il lui en fit ainsi la promesse. Et quand il le lui eut promis, Raimon lui dit : « Je veux que nous allions jusque là-bas chez elle, car elle habite non loin d'ici. » – « Et je vous en prie, fit Guillem, par Dieu. » Et c'est ainsi qu'ils prirent le chemin qui conduisait à son château. Et quand ils furent au château, ils furent bien accueillis par seigneur Robert de Tarascon qui était mari de madame Agnès, la sœur de madame Marguerite, et par madame Agnès également. Et monseigneur Raimon prit madame Agnès par la main, il la mena dans la chambre et ils s'assirent sur le lit. Et monseigneur Raimon lui dit : « Maintenant, dites-moi, belle-sœur, par la foi que vous me devez, aimez-vous d'amour ? » Et elle dit : « Oui, seigneur. » – « Et qui ? » fit-il. « Oh ! cela, je ne vous le dis pas », répondit-elle. À la fin – pourquoi vous conter si longuement[70] ? – il la pria tant qu'elle dit qu'elle aimait Guillem de Cabestanh. Elle dit cela parce qu'elle voyait Guillem triste et pensif, et elle savait bien comme quoi il aimait sa sœur. Et ainsi elle craignait que Raimon n'eût de mauvaises pensées de Guillem. Cette réponse causa une grande joie à Raimon. La Dame conta la chose à son mari, et le mari lui répondit qu'elle avait bien fait, et lui donna parole qu'elle pouvait faire ou dire tout ce qui pourrait sauver Guillem. Et la Dame usa bien de la permission : elle appela Guillem dans sa chambre tout seul, et resta si longtemps avec lui que Raimon pensa qu'il devait avoir eu d'elle plaisir d'amour ; et tout cela lui plaisait, et il commença à penser que ce qu'on lui avait dit de Guillem n'était pas vrai. Mais abrégeons : la Dame et Guillem sortirent de la chambre, le souper fut préparé, et tout le monde soupa en grande gaieté. Et après le souper, la Dame fit préparer les lits des deux visiteurs tout près de la porte de sa chambre, et firent si bien, de semblant en semblant, la Dame et Guillem, que Raimon crut qu'il couchait avec elle.

Et le lendemain ils déjeunèrent encore au château avec grande allégresse, et après le déjeuner ils partirent

---

70. Litt. : que vous vais-je contant (en roman = en langue romane) ?

avec tous les honneurs d'un noble congé, et vinrent à Roussillon. Et aussitôt que Raimon le put, il quitta Guillem et s'en vint à sa femme et lui conta ce qu'il avait vu de Guillem et de sa sœur. De quoi eut sa femme une grande tristesse toute la nuit. Et le lendemain elle demanda après Guillem, le reçut fort mal, l'appelant faux ami et traître. Et Guillem lui demanda merci comme homme qui n'avait faute aucune de ce dont elle l'accusait, et lui conta tout ce qui s'était passé mot à mot. La Dame fit venir sa sœur et par elle sut bien que Guillem n'avait pas tort. Et pour cela elle lui dit et commanda qu'il se mît à faire une chanson par laquelle il montrât qu'il n'aimait aucune femme excepté elle, et alors il fit la chanson qui dit :

> Le doux souci
> Que me donne Amour souvent,
> Dame, me fait dire
> De vous maint vers plaisant.
> Dans mes pensers je mire
> Votre corps précieux et gent
> Que je désire
> Plus que je ne le fais voir.
> Et bien que je me sépare
> De vous, je ne vous renie
> Car toujours je m'incline devant vous
> Avec fidèle amour.
> Dame, que pare la beauté.
> Maintes fois je m'oublie
> En vous louant et demandant grâce.

Et quand Raimon de Roussillon ouït la chanson que Guillem avait faite, il pensa et crut qu'il l'avait faite pour sa femme ; aussi il le fit venir pour lui parler, assez loin du château, et lui coupa la tête qu'il mit dans un carnier ; il lui tira le cœur du corps et le mit avec la tête.

Il s'en alla au château ; il fit rôtir le cœur et apporter à table à sa femme, et il le lui fit manger sans qu'elle le sût. Quand elle l'eut mangé, Raimon se leva et dit à sa femme que ce qu'elle venait de manger était le cœur du seigneur Guillem de Cabestanh, et il lui montra la tête et lui demanda si le cœur avait été bon à manger. Et elle entendit ce qu'il demandait, et vit et connut la tête de sire Guillem. Elle lui répondit et dit que le cœur avait été si bon et si savoureux que jamais autre manger ou boire ne lui ôterait de la bouche le goût que le cœur du seigneur Guillem y avait laissé. Et Raimon lui courut sus avec une épée. Mais elle s'enfuit jusqu'à un balcon. Et il vint en hâte après elle ; mais la dame se laissa choir, et elle se rompit le cou.

Ce malheur fut connu dans toute la Catalogne et dans toutes les terres du roi d'Aragon, et par le roi Alphonse et par tous les barons de ces contrées. Grande fut la tristesse et grande la douleur de la mort du seigneur Guillem et de la Dame, que Raimon avait fait périr si laidement. Alors se réunirent les parents de Guillem et ceux de la Dame, et tous les courtois chevaliers de ce pays, et tous ceux qui étaient amoureux, et ils combattirent Raimon à feu et à sang. Et le roi Alphonse d'Aragon vint en cette contrée, quand il eut appris la mort de la Dame et du chevalier, il s'empara de Raimon, ruina ses châteaux et ses terres, et fit déposer Guillem et sa Dame dans un tombeau devant la porte de l'église de Perpignan, un bourg situé dans la plaine de Roussillon et de Cerdagne, lequel bourg appartient au roi d'Aragon. Et il fut un temps où tous les chevaliers de Roussillon, de Cerdagne, de Conflent, des pays de Ripoll et de Peiralade[71] et du Narbonnais célébraient chaque année l'anniversaire de leur mort. Tous les parfaits amants et

---

71. Conflent, pays à l'ouest du Roussillon ; villes : Prades et Villefranche-de-Conflent ; Ripoll, au sud de la partie espagnole de la

toutes les parfaites amantes priaient Dieu pour leurs âmes. C'est ainsi que le roi d'Aragon prit Raimon, le fit mourir en prison, et lui ayant pris tous ses biens, les donna aux parents du seigneur Guillem et aux parents de la Dame qui mourut pour lui. Le bourg en lequel furent ensevelis Guillem et la Dame s'appelle Perpignan.

Cerdagne ; Peiralade, aujourd'hui Peralada, voir ci-dessus la note 67 sur dame Saurimonde.

FOLQUET DE MARSEILLE

« Vie »

Folquet de Marseille donc fut le fils d'un marchand qui était de Gênes et s'appelait Maître Alphonse[72]. Quand son père mourut, il le laissa fort riche. Il s'adonna à Prix et à Valeur, et se mit à servir les vaillants barons et les vaillants hommes, à frayer avec eux, à donner, à servir, à aller et venir.

Il fut fort prisé et honoré par le roi Richard[73] et par le comte Raimon de Toulouse, ainsi que par sire Barral, son seigneur de Marseille.

Il « trouvait » bien et était fort agréable de sa personne. Il courtisait la femme de son seigneur, sire Barral[74]. Il la priait d'amour et faisait d'elle ses chansons. Mais jamais, ni par ses chansons ni par ses prières, il ne put obtenir sa merci, en sorte qu'elle lui fît quelque bien, en Droit d'amour. C'est pourquoi il se plaint toujours d'amour dans ses chansons.

Et il advint que la dame mourut, et sire Barral, son mari et le seigneur de Folquet, qui l'honorait tant, et le bon roi Richard et le bon comte Raimon de Toulouse[75], et le roi Alfonse d'Aragon. Alors, pour la tristesse qu'il

---

72. Le père de Folquet devait appartenir à la famille de banquiers Anfossi, de Gênes, qui est mentionnée dans des documents des XIIIe et XIVe siècles (Boutière et Schutz, p. 373).
73. Richard Cœur de Lion, mort en 1199.
74. Barral, seigneur de Marseille, mort en 1192.
75. Raimon V, mort en 1194.

eut de la mort de sa dame et des princes que je vous ai dits, il abandonna le monde ; et il entra dans l'ordre de Cîteaux, avec sa femme et deux fils qu'il avait. Et il fut fait abbé d'une riche abbaye, qui est en Provence et qui a nom le Torondet[76]. Puis il fut fait évêque de Toulouse ; et là il mourut.

---

76. Ces informations sont « précises et exactes » (Stronski). La dernière poésie de Folquet est de 1195 : c'est vers 1200 que Folquet entra à l'abbaye du Thoronet, dont il devient bientôt abbé, tandis que sa femme et ses enfants entraient en religion de leur côté. Évêque de Toulouse en 1205, il devait mourir en 1231, voir Stronski, *Le Troubadour F. de M.*, édition critique, Cracovie, 1910, pp. 87 sq. et 142 ; Chabaneau, t. X, pp. 291-292 ; Boutière et Schutz, p. 374.

RAIMON DE MIRAVAL[77]

1re « *Razo* » *de 406, 12, Il me plaît de chanter ; 15, Que du bien soit au messager ; 28, Entre deux vouloirs je réfléchis ; 38, Si en chantant souvent et 454, 1 (Uc de Mataplana), D'un sirventès il ma pris désir.*

Je vous ai parlé, ci-dessus, en l'autre « razo », de sire Raimon de Miraval, et vous avez entendu qu'il était, d'où il était, et comment il fut très souvent amoureux des meilleures dames et plus nobles de cette contrée, comme il le dit lui-même :

> Que ma dame ne s'irrite pas,
> Si je m'en remets vite à sa merci :

---

77. Raimon de Miraval (1180-1213 environ) était chevalier, et seigneur d'un petit château de ce nom (Miraval-Cabardès, commune du Mas-Cabardès, arrondissement de Carcassonne). Le moine de Montaudon raille la pauvreté de Raimon dans son sirventès, v. p. 200. Il fut mêlé à de nombreuses aventures galantes jusqu'aux environs de 1209, où la croisade contre les Albigeois lui fit perdre son château et l'obligea sans doute à se réfugier en Espagne (où il mourut peut-être, 1216 ?). Selon Andraud il aurait suivi en Espagne Raimon VI de Toulouse qui y séjourna en 1215-1217, après avoir été dépouillé de son comté par le IVe concile de Latran. Il avait été également le protégé de Pierre II.
Il nous reste de ce poète – qui fut assez célèbre de son temps et dont l'œuvre, très estimable, mériterait d'être éditée – une quarantaine de chansons, cinq sirventès, un « partimen » (avec Adémar), une cobla. – Cf. l'étude de P. Andraud, *La vie et l'œuvre du troubadour R. de M.*, Paris, 1902. – Cette razo, la première dans Boutière-Schutz (pp. 287-289), y est suivie de trois autres fort longues et intéressantes (pp. 290-306).

> Car je n'ai point un cœur à m'abaisser ;
> Ni me détourne vers vil amour ;
> J'ai toujours cherché le mieux
> Dedans et hors de chez moi ;

si bien qu'il les mit en grand prix et en grande réputation parmi les honnêtes gens.

Il y en eut beaucoup qui lui firent du bien, et d'autres qui lui firent du mal, comme il le dit :

> Maintes fois d'amour me vint folie
> Et maintes fois joie et douceur.

Par certaines il fut bien dupé, mais tout dupé qu'il fut, il les dupa à son tour, comme il le dit encore :

> Et moi, souffrant mon dommage,
> Je sus, tout dupé, la duper,
> Puis demeurer en paix avec elle.

Mais il lui déplaisait fort, celui qui disait qu'il n'était pas heureux avec les dames, et donc il démentait ceux qui disaient que d'elles il n'avait nul bien, comme il le dit ici :

> Ores ils vont disant en secret
> Que jamais je n'eus profit d'amour :
> Ils mentent : j'en ai eu biens et jouissances
> Comme j'en ai souffert dam et tromperies.

Mais jamais il ne voulut tromper les dames sincères et loyales, pour si grand mal qu'elles lui fissent souffrir ; au contraire il aurait pu, à l'occasion, profiter de leur dommage, mais il ne voulut jamais rien qui ne leur fût bon.

Il s'énamoura donc d'une jeune et noble dame de l'Albigeois, qui avait nom madame Ermengarde de Castres[78]. Elle était belle, courtoise, avenante, bien élevée et d'agréable conversation.

Il l'aima beaucoup, l'honora et la louangea en contant[79] et en chantant, et il la mit en grand prix auprès des honnêtes gens. Et longtemps il la pria de lui faire plaisir selon le droit d'Amour. Elle lui répondit qu'elle ne lui ferait pas plaisir d'amour, comme sa maîtresse[80], mais que s'il voulait quitter pour elle sa femme, elle le prendrait pour mari.

Quand Raimon de Miraval lui entendit dire qu'elle le voulait prendre pour mari, il en fut tout heureux, et il s'en vint à son château. Et il songea pour quel motif il pourrait éloigner de lui sa femme – qui avait nom Caudairenga, à cause de son père qui s'appelait Caudeira[81]. Elle était belle et plaisante et savait bien « trouver » des « coblas » et des danses. Et sire Guillem Brémon était son soupirant : c'était un noble chevalier, beau et bon[82]. Sire Raimon de Miraval trouva donc ce prétexte : il dit à sa femme qu'il ne fallait pas deux poètes dans une même maison. Il lui dit d'avertir ses parents et qu'elle s'en revînt chez elle. Et quand elle connut la volonté de son mari, elle fit venir Guillem Brémon. Celui-ci vint aussitôt. Et

78. Ermengarde de Castres appelée dans la 3e razo « la belle d'Albigeois ».
79. R. de M. a écrit des nouvelles, aujourd'hui perdues, au témoignage de Francesco da Barberino (fin du XIIIe siècle), qui nous a conservé le sujet de l'une d'elles (Chabaneau).
80. Litt. : au titre de « liaison galante ».
81. « Chaudière, chaudron. » Ce membre de phrase manque dans Chabaneau, où le nom de la dame est *Gaudairenga*. Le sirventès d'Uc de Mataplana cité à la fin de cette « razo » confirme qu'elle était poète, mais nous ne savons rien de son père.
82. Inconnu par ailleurs ; peut-être d'une famille de barons catalans (Andraud).

Raimon de Miraval la lui remit. Il l'emmena et la prit pour femme.

Mais la dame qui aimait sire Raimon, ma dame Ermengarde, prit pour époux un gentil baron de ce pays qui avait nom Olivier de Saissac[83]. Miraval en eut grande douleur et grande tristesse à cause de l'amie qu'il perdait et de sa femme perdue aussi.

Ces nouvelles furent sues dans tout le pays, près et loin. Et elles vinrent aux oreilles d'un vaillant baron de Catalogne, qui avait nom sire Huguet de Mataplana[84], et qui était très habile et bon poète, et grand ami de Miraval. Et il fit sur cette aventure le sirventès qui dit :

D'un [sirventès il m'a pris désir].

---

83. Peut-être le frère ou le parent de Bertran de Saissac (conseiller du vicomte de Béziers Roger II et tuteur du jeune Raimon-Roger).
84. *Huguet de Mataplana* ou Uc (Hugues), seigneur catalan, favori de Pierre II d'Aragon, mourut des blessures reçues à Muret en 1213. «Il accueillit à sa cour plusieurs poètes, notamment R. Vidal de Besalù qui fait de lui le héros de sa célèbre nouvelle *So fo el tems...* » (Boutière et Schutz, p. 415).

« *Razo* » de 406, 12, *Il me plaît de chanter et de me parer*

Quand le comte de Toulouse eut été déshérité par l'Église et par les Français, et qu'il eut perdu Argence[85] et Beaucaire ; et que les Français eurent pris Saint-Gilles, l'Albigeois et le Carcassès ; que Béziers eut été détruite ; et que le vicomte de Béziers était mort ; et que toutes les bonnes gens de ce pays furent morts ou réfugiés à Toulouse, Miraval était avec le comte de Toulouse – ils s'appelaient l'un l'autre Audiart – et il vivait en grande douleur parce que tous les honnêtes gens, dont il était seigneur et maître, les dames et les chevaliers étaient morts et déshérités... puis, il avait perdu sa femme, comme vous l'entendrez, et sa dame l'avait trahi et dupé, et il avait perdu son château[86].

Et il advint que le roi d'Aragon se rendit à Toulouse[87] pour parler au comte et pour voir ses sœurs, ma dame Éléonore et ma dame Sanche ; il réconforta vivement ses sœurs, le comte et son jeune fils et les bons habitants de Toulouse... et il promit au comte qu'il lui ferait rendre Beaucaire et Carcassonne, et à sire Miraval, son

---

85. Partie du diocèse d'Arles située sur la rive droite du Rhône, c'est-à-dire le territoire de Beaucaire et des paroisses circonvoisines.
86. Les croisés ont pris le château en 1211.
87. Pierre II se rendit effectivement à Toulouse et prit le comte sous sa protection. « C'est entre ce voyage à Toulouse (janvier 1213) et la bataille de Muret (12 septembre) que fut composée la pièce de Miraval ici commentée » (Boutière et Schutz, p. 417).

château ; et qu'il ferait tant que les honnêtes personnes retrouveraient la joie qu'elles avaient perdue.

Sire Miraval, pour la joie qu'il eut de la promesse que le roi fit au comte, et à lui-même, de leur rendre ce qu'ils avaient perdu, et pour le temps d'été qui était venu, – bien qu'il eût résolu de ne point faire de chansons tant qu'il n'aurait pas recouvré le château de Miraval, qu'il avait perdu, – et aussi parce qu'il s'était énamouré de ma dame Éléonore, femme du comte – qui était la plus belle dame du monde et la meilleure – à laquelle, cependant, il n'avait pas encore fait paraître son amour, il fit cette chanson qui dit :

> Il me plaît de chanter et de me parer,
> Puisque l'air est doux et le temps gai,

chanson que vous entendrez, et qui est écrite ici.

Et la chanson faite, il l'envoya au roi, en Aragon. C'est pourquoi le roi vint avec mille chevaliers au secours du comte de Toulouse, pour la promesse qu'il avait faite de reprendre les terres que le comte avait perdues. À la suite de quoi, le roi fut tué par les Français à Muret, avec tous les mille chevaliers qu'il avait avec lui : pas un n'échappa à la mort.

AIMERIC DE PÉGUILHAN[88]
« Vie » (version de ABEIKPR)

Seigneur Aimeric de Péguilhan donc fut de Toulouse, fils d'un bourgeois qui était marchand et tenait boutique de draps.

Il apprit chansons et sirventès, mais il chantait fort mal. Et il s'énamoura d'une bourgeoise, sa voisine. Et cette amour lui apprit à « trouver ». Et il fit sur elle maintes bonnes chansons. Mais il eut une dispute avec le mari de la dame et celui-ci l'insulta. Aimeric s'en vengea en le frappant d'un coup d'épée sur la tête. Ce pour quoi il fut obligé de quitter Toulouse et de s'exiler.

Il s'en alla en Catalogne où seigneur Guilhem de Berguedan l'accueillit. Aimeric le célébra hautement dans la première chanson qu'il avait faite pour lui. Et

---

88. D'une famille originaire de Péguilhan (canton de Boulogne-sur-Gesse, arrondissement de Saint-Gaudens), mais né à Toulouse ; carrière poétique de 1195 à 1230 environ (1250 selon Bertoni). Aimeric de Péguilhan fut d'abord protégé par les princes méridionaux, Raimon V de Toulouse, Gaston VI de Béarn, Raimon-Roger de Foix, et par le roi Pierre d'Aragon. Il semble qu'il ait dû quitter Toulouse après la croisade contre les Albigeois. Il mena dès lors une vie errante (Catalogne, Castille, Provence, Italie, où il fut accueilli par les Este et les Malaspina). Il mourut en Italie après 1230. L'œuvre de ce poète est abondante : plus de cinquante pièces dont quarante chansons. Pas d'édition. « Aimeric de P. est un des troubadours qui ont le plus contribué à développer l'influence de la poésie méridionale en Italie. La chaîne est ininterrompu entre les débuts de la poésie lyrique italienne et la poésie des troubadours : l'Italien Sordel de Mantoue et le Languedocien Aimeric de Toulouse sont les précurseurs les plus immédiats de Dante » (J. Anglade).

Guilhem le fit son jongleur, lui donna son palefroi et ses vêtements. Et il le présenta au roi Alfonse de Castille (Alfonse VIII, 1158-1214) qui l'enrichit d'équipements et l'honora fort.

Et il resta longtemps dans ces pays. Puis il alla en Lombardie où tous les « bons hommes » lui firent grand honneur. Et en Lombardie il mourut [en état d'hérésie, à ce qu'on dit] (ces derniers mots dans le seul ms. E.).

AIMERIC DE PÉGUILHAN
« *Vida* » (version de R)

Et il arriva par aventure que le mari de la dame avait guéri de sa blessure et était allé à Saint-Jacques (de Compostelle) : Aimeric le sut et il eut désir de revenir à Toulouse. Il vint trouver le roi (de Castille) et lui dit que, s'il lui plaisait, il voudrait aller voir le marquis de Montferrat[89]. Le roi lui donna la permission de partir et l'équipa convenablement en toutes choses. Aimeric dit au roi qu'il voulait passer par Toulouse – mais c'est qu'il avait en vue ce qu'il savait. Et le roi aussi connaissait toute l'aventure et vit bien que l'amour de sa dame le tirait là-bas, et il lui donna une escorte jusqu'à Montpellier. Aimeric fit part de toute l'affaire à ses compagnons et leur demanda de l'aider : son dessein était de voir sa dame en se faisant passer pour un malade. Ils lui répondirent qu'ils feraient tout ce qu'il leur commanderait.

Quand ils furent à Toulouse, ses compagnons demandèrent où était la maison du bourgeois. On la leur indiqua. Ils y trouvèrent la dame et lui dirent qu'un cousin du roi de Castille était malade, qu'il allait en pèlerinage, et qu'il lui plût de lui permettre de loger chez elle. Elle répondit qu'il y serait servi et honoré. Aimeric vint de nuit et ses compagnons le couchèrent dans un beau lit. Et le lendemain Aimeric fit appeler la dame. Elle vint

---

89. Guillaume VI (1207-1225).

dans la chambre et le reconnut. Elle s'étonna grandement et lui demanda comment il avait pu rentrer à Toulouse. Par amour pour elle, lui répondit-il, et il lui raconta tout ce qui lui était arrivé. Et la dame fit semblant de le recouvrir avec les draps et elle l'embrassa. À partir de ce moment, je ne sais comment les choses allèrent, mais tant est que dix jours entiers Aimeric resta là, sous prétexte d'être malade. Et quand il partit, il s'en alla auprès du marquis de Montferrat où il fut bien accueilli. Et vous trouverez ici de son œuvre…

UC DE SAINT-CIRC[90]

« *Razo* » *de 457, 4,*
Je ne vis jamais temps ni saison

Sire Uc de Saint-Circ, qui il fut et d'où il fut, vous l'avez bien entendu. Et il aimait une dame d'Anduze[91] qui s'appelait madame Claire. Elle était fort loyale et bien apprise, belle et avenante. Et elle avait grand désir de Prix et d'être connue au loin et près, et d'avoir l'amitié, d'être dans la familiarité des nobles dames et des vaillants hommes. Et sire Uc connut son désir et sut la bien servi en cela même qu'elle désirait le plus. Il n'y eut bonne dame en toutes ces contrées dont il n'obtînt qu'elle la prît en affection, l'admît dans son privé, et lui fît envoyer lettres, saluts et cadeaux, en témoignage d'amitié et pour l'honorer. Et sire Uc faisait bien les lettres de réponse qu'il convenait d'écrire à ces dames pour les remercier des choses aimables qu'elles lui faisaient savoir. Et elle souffrait que sire Uc lui adressât prières et requêtes amoureuses, et lui promit de lui faire plaisir selon le droit d'Amour. Uc fit maintes bonnes

---

90. Uc de Saint-Circ (1217-1253 environ), jongleur, de Saint-Circ d'Alzon (village disparu près de Rocamadour, arrondissement de Gourdon); vécut d'abord en Languedoc (1200-1220?), puis en Italie (1220-1256), où il mourut. Nous avons de lui « 15 chansons formant un roman d'amour, 2 sirventès politiques, un jongleresque, une vingtaine de coblas ou courtes tensons, pour la plupart satiriques, un partimen (avec Certan), un salut non lyrique » (Jeanroy). Il a écrit la *Vida* de B. de Ventadour et celle de Savaric de Mauléon.
91. Sans doute la poétesse Clara d'Anduze, dont il nous reste une chanson.

chansons d'elle, la priant, louant sa valeur et sa beauté. Et elle était fort satisfaite des chansons que sire Uc faisait sur elle. Longtemps dura leur amour, et il y eut entre eux bien des brouilles et bien des réconciliations, comme il advient en amour entre les amoureux. Mais elle avait une voisine fort belle qui s'appelait madame Ponse[92]. Elle était fort courtoise et bien élevée. Et elle se mit à porter envie à madame Claire pour le prix et l'honneur que sire Uc lui avait fait acquérir. Elle réfléchit et s'efforça de trouver un moyen pour enlever sire Uc à son amitié, et l'attirer à elle. Elle fit venir Uc et lui laissa entendre que madame Claire avait un autre amoureux qu'elle lui préférait, et elle promit à Uc de dire et faire tout ce qui lui plairait. Sire Uc, comme un qui n'était pas si sûr ni si loyal envers une dame qu'il ne se mît volontiers en quête d'un autre côté, et parce qu'elle lui avait dit grand mal de ma dame Claire – et pour les beaux semblants que lui faisait l'autre, pour le grand plaisir qu'elle lui promettait – se sépara vilainement de madame Claire, et commença à médire d'elle et à faire l'éloge de madame Ponse. Madame Claire en fut fort courroucée, et eut tant de mépris pour lui qu'elle ne daigna s'en plaindre ni le lui reprocher.

Sire Uc resta longtemps l'ami de madame Ponse, attendant le bien et les plaisirs qu'elle lui avait promis. Mais elle ne lui en accorda aucun, et, au contraire, diminua chaque jour le nombre des amabilités qui, d'ordinaire, l'accueillaient. Et Uc, quand il vit qu'il était ainsi dupé, devint dolent et attristé. Il alla trouver une amie de ma dame Claire et lui fit l'entière révélation du motif pour lequel il s'était éloigné de madame Claire. Il la pria, aussi instamment qu'il put, de bien vouloir chercher à remettre la paix entre madame Claire et lui, et de faire en sorte qu'elle lui rendît ses bonnes grâces et son

---

92. On ne sait rien sur cette dame.

amitié. L'amie promit de faire tout ce qu'elle pourrait d'utile en ce sens. Elle parla si bien à madame Claire, la pria tant, que celle-ci promit de se réconcilier avec Uc. Et elles convinrent que sire Uc viendrait s'entretenir avec elles deux. Il vint, et il fit sa paix bien amoureusement.

Et sur ce sujet fut faite la chanson qui dit :

Jamais je ne vis temps ni saison,
Ni nuit ni jour, ni année ni mois
Qui me plût autant que le moment où nous sommes,
Ni où j'aie fait un pareil profit ;
Car j'ai échappé à un amour mauvais,
Où Merci ne pouvait rien, pour moi
Et je suis revenu là où il fallait,
Là où je trouve loyauté et honneur,
Cœur fidèle et constant. (Trad. A. Jeanroy.)

LANFRANC CIGALA[93]

« *Razo* » de 282, 14, Dame Guillelma, maints chevaliers errants à l'aventure

Je vais vous dire maintenant – et vous, écoutez cette riche nouvelle – ce qui advint à deux chevaliers, seigneurs d'un beau château. Ils étaient riches de cœur, d'esprit, d'armes et d'avoir, beaux et jeunes de leurs personnes ; riches d'amour et de service des dames et de tous faits plaisants ; et ils étaient preux aux armes et maîtres en l'art de la guerre. Par-dessus tous les autres amoureux, ils aimaient d'amour deux dames, belles, bien éduquées et gentilles pour lesquelles ils avaient fait maintes actions courtoises, comme on en fait pour l'amour des dames : belles cours, beaux tournois, riches cadeaux, belles réceptions ; et ils se firent estimer beaucoup, et l'écho de leurs nobles entreprises se répandit au loin ; et ils étaient plus aimés de leurs dames qu'aucun chevalier de ce temps.

Ces dames se trouvaient dans un autre château, éloignées de leurs chevaliers chacune de trois lieues[94]. Un

---

93. Lanfranc Cigala, « jurisconsulte génois et conseiller de la République qui apparaît dans les actes de 1235, 1239, 1240 et 1253, où il est effectivement qualifié de *Judex* ; en 1241, il fut ambassadeur auprès de Raimon Bérenger IV, et mourut assassiné, en 1278, dans les environs de Monaco (Bertoni, *Trovat, d'Italia*, pp. 94-95 ; De Bartholomacis, *Poes. prov. stor.*, p. XCIII). De Lanfranc – le plus important, avec Sordel, des troubadours italiens de langue provençale – il nous reste une trentaine de pièces variées, dont huit chansons amoureuses et quatre chansons à la Vierge » (Boutière-Schutz, p. 396).

94. Si *sengles* : trois lieues « pour chacune », est une leçon exacte, cela implique deux châteaux voisins situés à la même distance, un à chaque dame.

jour, elles envoyèrent des messagers à ces deux chevaliers pour leur dire[95], et les prier, pour l'amour d'elles, de bien vouloir aller vers elles, cette nuit-là. Et chacun d'eux dit qu'il irait. Mais chacun d'eux ignorait la nouvelle concernant l'autre. Les deux frères avaient grande guerre avec de hauts barons de cette contrée ; aussi craignaient-ils pour leur château ; et ils avaient convenu entre eux et arrêté, que pour quelque besoin que ce fût, pour quelque affaire qui pût se présenter, ils ne quitteraient pas le château tous les deux en même temps, sans que l'un restât pour le garder et pour recevoir les vaillants hommes qui allaient et venaient en passant par leur château. Chacun des deux pensa donc à aller trouver l'autre pour lui demander la permission, dans cette affaire si importante, de se mettre en route pour aller là-bas. Chacun fit part du message qu'il avait reçu. Mais l'un commença à dire et à jurer qu'il ne resterait pour rien au monde, et l'autre dit de même. Et ainsi aucun d'eux ne voulut jamais consentir à rester à la prière de l'autre ni à s'occuper de leur château, mais ils se mirent en chemin. Et sachez qu'il faisait un fort mauvais temps de pluie, de vent et de neige. Et c'était aux approches de la nuit. Ils firent donc bien garder le château.

Ils s'en allèrent ainsi tous deux ensemble. Il y avait peu de temps qu'ils s'étaient mis en route, lorsqu'ils entendirent des cavaliers de l'autre côté. Aussi ils s'écartèrent du chemin, près d'un buisson. Et ils entendirent que ces cavaliers disaient : « Dieu nous donne bon logis cette nuit ! » Un autre répondait : « Si Dieu garde de mal les deux frères, nous aurons tout ce qui nous fera besoin, et nous serons bien accueillis, gentiment honorés et servis, car ils sont les meilleurs chevaliers du monde et les plus courtois. Sinon, nous ne trouverions pas de logis à trois lieues aux environs de chez eux. »

---

95. Litt. : qu'ils leur disent et les prient... qu'ils dussent aller.

En entendant cette conversation, les deux frères eurent allégresse et tristesse : allégresse du bien qu'ils entendaient dire d'eux ; tristesse, de ce que l'un d'eux au moins ne fût pas au château. Si bien que chacun pria l'autre de s'en revenir vite. Et ils eurent grand débat ensemble. À la fin, l'un revint en effet, disant que s'il revenait, c'était pour l'amour de sa dame[96].

Cette affaire, Lanfranc Cigala en eut connaissance, exactement comme elle fut. Aussi demanda-t-il, dans une « cobla » à madame Guillelma[97], lequel des deux devait être le plus loué : celui qui revint sur ses pas pour servir les chevaliers, ou celui qui se rendit auprès de sa dame ? Et de cet incident fut faite la tenson qui dit :

Dame Guillelma, maints chevaliers errant à l'aventure
Tard dans la nuit, par le mauvais temps qu'il faisait,
Se plaignaient de ne point trouver de gîte, parlant entre eux.
Deux barons les entendirent, qui, pour affaire d'amour,
S'en allaient non loin de là, vers leurs dames ;
L'un s'en revint pour servir ces gens-là ;
L'autre s'en alla au galop vers sa dame ;
Lequel de ces deux fit le mieux ce qui était de son devoir ?

---

96. Puisque cet amour inspire tout acte méritoire.
97. Guillelma de Rozers (de Rougiers, canton de Saint-Maximin, arrondissement de Brignoles, Var). Cette dame séjourna à Gênes. Il ne nous reste d'elle que ces vers.

3. L'AMOUR ET LE ROMANESQUE

Arnaut de Carcassès

La nouvelle du Perroquet

Arnaut de Carcassès ne nous est connu que par son nom, que l'on peut lire au dernier vers de la « nouvelle du Perroquet ». Il vécut dans la première moitié du XIIIe siècle et il devait être originaire soit du Carcassès (pays de Carcassonne), soit de Carcassès, hameau de la commune de Laroque-de-Fa[1]. Il y avait là, au XIIIe siècle, un château qui fut pris, en même temps que celui de Laroque-de-Fa, vers 1241, par les troupes de Jean de Beaumont, chambellan du roi Louis IX. Ferrande de Carcassès qui fut, par la suite, « faidide » (proscrite), s'y était enfermée. Il n'est pas impossible que le troubadour ait appartenu à la même famille que cette Ferrande. Mais rien n'est moins sûr. La « nouvelle » qu'il nous a laissée est certainement l'une des plus belles œuvres de la poésie occitane. Une jeune femme trompe son mari, moins par malice que pour le punir de s'être montré jaloux, la morale étant qu'il faut laisser les dames recevoir à leur guise les hommages

---

1. Canton de Mouthoumet, à 30 km au sud-est de Limoux (Aude).

de leurs amoureux. Mais le poème d'Arnaut est beaucoup plus profond qu'il ne paraît au premier abord.

On a émis de nombreuses hypothèses sur l'origine de la fable qu'elle développe. Bartsch, qui trouvait une allure grecque au nom d'Antiphanor[2], croyait le poème byzantin. Mais, comme le fait remarquer Paolo Savi Lopez, la tradition celtique renferme un grand nombre de mots en « or » qui ne sont pas grecs. Reste le personnage même du Perroquet. Si l'on trouve, assez souvent, dans la poésie occitanienne, des oiseaux utilisés comme messagers d'amour, il faut reconnaître que c'est assez rarement le perroquet. Il est possible que celui-ci soit venu, par miracle, du fond de l'Orient jusque dans le poème, où les jardins ont tous les charmes des « Paradis persans ». Nous ne pensons pas, d'ailleurs, que la question soit d'un grand intérêt. Bien plus émouvante est, à nos yeux, cette franche poésie du feu et de l'amour qui remplit le conte, cette grande lueur d'incendie sur laquelle se profilent les amants.

Le perroquet est l'oiseau de l'incendie. Il est le frère de ces oiseaux magiques – on pense au perroquet lunaire des Indiens – qui ne découvrent pas seulement le feu visible et le transportent, mais deviennent aussi les porteurs de la flamme d'amour avec laquelle ils ravagent ceux qu'ils touchent. Frazer, dans ses « Mythes sur l'origine du Feu » et M. Bachelard, dans la « Psychanalyse du feu », ont insisté sur le rôle, toujours important, que, chez de nombreux peuples, les oiseaux sont censés jouer dans la découverte du feu réel confondu plus ou moins avec le feu érotique. Comment ne pas souligner, dans la « Nouvelle » d'Arnaut de Carcassès, la netteté avec laquelle le perroquet y est représenté comme symbolisant l'identité magique du feu amoureux et du feu physique ? N'assume-t-il pas la double tâche d'incendier les

---

2. Antiphanès, nom grec : « qui réfléchit l'image », le Brillant.

châteaux et d'enflammer les cœurs ? Ce qui, pour en revenir à la littérature, ne laisse pas de donner d'abord beaucoup d'unité au poème, et de le doter, par surcroît, de cette beauté profonde, dont nous parlions tout à l'heure, qui touche l'homme toutes les fois que d'un texte surgit un mythe.

Il n'y a, croyons-nous, rien dans notre Moyen Âge, qui approche plus de la vraie poésie toute instinctive et secrète, que les vers où Arnaut de Carcassès nous peint la rencontre si brève, au fond du parc, sous les reflets rouges du manoir en flammes, de ces deux amants qui s'aiment sans se connaître, et qui, peut-être, ne se reverront plus. Et quand arrive l'instant de la séparation, les paroles que prononce le perroquet : « Allons, séparez-vous ! le feu est mort maintenant », réveillent dans le cœur une amère légende, une mythologie désenchantée, où semble illusoire tout ce qui est de l'homme, et surtout ses exaltations, vives et brèves comme un grand feu. Ne dirait-on pas que ce beau conte n'a été qu'un rêve plein de tentations fait par le fils du roi sommeillant à demi sur son destrier, et longeant les murs derrières lesquels il se plaît à imaginer que se morfond une belle captive ?

Toutefois il ne semble pas qu'Arnaut de Carcassès ait compris – sinon senti – toute la valeur de cette poésie « naturelle », de cette poésie de rêve, agissant « traditionnellement » sur l'inconscient humain. Aucune allusion ni image ne nous indique que, dans sa pensée, au feu physique soit lié le feu d'amour, ni qu'il ait vu le moindre mystère dans le rôle de l'oiseau messager. Ce mystère, il s'est borné à nous le transmettre. Il a pris à la lettre un thème de récit plaisant, aux dépens des maris jaloux, que lui fournissait la tradition. D'autre part, il n'a pas su justifier le rôle tenu par la femme : son revirement total, son acceptation au bout d'une journée (et non pas « dans un an », comme l'envisageait le perroquet) d'une trahison qu'elle repoussait d'abord énergiquement, restent sans explication. Rien ne nous montre qu'elle refusait en apparence ce qu'au fond elle désire. Cette absence de transition ou mieux : de préparation nuit à l'intérêt de ce qui eût pu être un petit drame de psychologie féminine.

Il est vrai qu'en formulant ces critiques[3] nous nous plaçons au point de vue, nécessairement suspect, du lecteur contemporain. Il est très significatif qu'on puisse adresser les mêmes reproches à presque tous les romans de cette époque. Dans *Flamenca*, qui est pourtant un roman « psychologique », on voit Archambaut passer de la jalousie la plus féroce à la confiance la plus naïve, sur la foi d'un serment sophistiqué que lui fait sa femme, et qui ne suffit pas à expliquer avec vraisemblance un revirement si brusque et si incroyable. Cette versatilité, cette propension à se décider toujours par désir, n'auraient-elles point réellement caractérisé, dans une certaine mesure, l'âme du XIIIe siècle ? Et pourquoi ne pas admettre que les poètes du Moyen Âge ont copié la nature humaine telle qu'ils la voyaient de leur temps, surtout dans les milieux aristocratiques ?

Il ne faut pas perdre de vue, non plus, que la nouvelle du Perroquet est un *Castia-Gilos*, et qu'elle obéit aux lois du genre : notre héroïne, pour tant qu'elle dise aimer son mari, n'en est pas moins sa *prisonnière*. Non seulement elle ne commet pas de faute en trompant, en « châtiant », le jaloux (cf. *Flamenca* et le *Castia-Gilos* de Raimon Vidal de Besalù), mais elle en commettrait une en ne le trompant pas. Dans *Flamenca* le poète s'exprime fort clairement sur ce point : la dame qui n'aime pas *ailleurs*, surtout quand elle se voit privée de sa liberté, *commet un péché : elle est en faute*. Flamenca se glorifie même de l'exploit qu'elle a accompli en pre-

---

3. Cf. Jeanroy : « Anecdote fort mal composée » (*Histoire sommaire de la poésie occitane*, Paris, 1945, p. 103).

nant un amant à la barbe de son mari. Elle loue cet amant d'avoir osé courir pour elle tant de dangers et d'avoir été si ingénieux... L'originalité de la nouvelle du Perroquet ne serait-elle pas de nous montrer une héroïne qui a oublié ce principe singulier de morale « courtoise » et qui a besoin qu'on le lui rappelle ? Pour extraordinaire qu'il paraisse aujourd'hui, la Dame au perroquet peut croire de très bonne foi qu'elle agit *par vertu* en récompensant le chevalier qui l'a aidée à se venger de son mari jaloux ; et il est assez naturel qu'elle se laisse tenter plus vite qu'il ne siérait à une dame de notre temps. Le romanesque « brusqué » séduit d'ailleurs les femmes de toutes les époques, surtout si le séducteur – ici : l'entremetteur – est un beau parleur. Or, et c'est le dernier point sur lequel nous voudrions insister, il est possible – et même probable – que le dessein d'Arnaut de Carcassès ait été de nous montrer le rôle que la dialectique amoureuse, le « beau parler », le courtisement selon les règles courtoises – avec rappel des « principes » et exemples pris dans les romans – doivent jouer dans les affaires de ce genre. En un siècle où l'on aimait tant l'éloquence d'amour, le perroquet se présente comme le parfait modèle du séducteur : il sait parler aux dames, lui ! Et pour qu'il fût tout à fait dans ce rôle il fallait que la dame succombât très vite aux raisons – car ce sont bien des « raisons » – qu'il est chargé de lui fournir. Le perroquet est donc ici le personnage principal. C'est par rapport à ses faits et gestes que l'action est ordonnée, grâce à lui qu'elle s'enrichit de tous ses détails heureux.

Texte : Raynouard, *Choix des poésies originales des Troubadours*, t. II, pp. 275-282 ; texte presque complet avec la traduction ; K. Bartsch, *Chrestomathie provençale*, 6e éd., Marburg, 1904, col. 283-252 ; texte critique revu, reproduit ici.

La nouvelle du Perroquet

Dans un verger clos d'un rempart,
À l'ombre d'un laurier feuillu,
J'entendis un perroquet argumenter
Sur tel sujet que je vous dirai.
Il est venu devant une Dame
Et lui apporte de loin saluts.
Il lui dit : « Dame, Dieu vous sauve !
Je suis un messager. Qu'il ne vous déplaise
Que je vous dise pourquoi je suis venu
Vers vous, ainsi, en ce jardin :
Le meilleur chevalier qui fut jamais,
Le plus distingué, le plus épris de joie,
Antiphanor, le fils du roi
Qui a donné un tournoi en votre honneur[4],
Vous envoie ses saluts cent mille fois,
Et par mon entremise, il vous prie que vous l'aimiez.
Car, sans vous, il ne peut guérir
Du mal d'amour qui le fait languir.
Aucun médecin ne le peut secourir,
Sauf vous qui l'avez en votre pouvoir.
Vous pouvez, s'il vous plaît, le guérir :
Pourvu que vous lui envoyiez, par mes soins, un joyau
Que je lui porterai comme gage de votre amour,
Vous l'aurez délivré de sa douleur.

---

4. Elle a donc dû voir le jeune prince, mais se sont-ils parlé ?

Je vous dirai encore, par ma foi,
Pourquoi vous devez avoir pitié de lui :
C'est qu'avec votre agrément, il aime mieux
Mourir pour vous que vivre joyeux par une autre. »
Alors la Dame lui répond :
« Ami, d'où êtes vous venu
Jusqu'ici et que cherchez-vous ?
Vous me semblez trop éloquent !
Quand vous avez osé dire que je donnasse
Joyaux ou que je les offrisse
À un chrétien, quel qu'il fût,
Vous vous êtes donné beaucoup de mal en vain.
Mais puisque je vous vois si galant,
Je vous autorise, dans ce verger,
À me parler et à me dire ce que vous voudrez :
Vous n'y serez ni forcé ni pris.
Et je regrette, pour l'amour de vous,
Puisque vous êtes si noble et si preux,
Que vous m'osiez donner tel conseil. »
– « Et moi, Dame, ce qui m'étonne,
C'est que vous n'aimiez pas mon maître de bon cœur. »
– « Perroquet, je veux bien que vous sachiez que celui
Que j'aime est l'homme le plus accompli du monde. »
– « Qui est-ce donc, Madame ? » – « Mon mari. »
– « Ce n'est jamais justice que le mari
Soit souverain sur tout.
Vous pouvez l'aimer ostensiblement,
Mais ensuite, secrètement, chérir
Celui qui meurt d'amour pour vous,
Sans nulle tromperie. »
– « Perroquet, vous êtes trop beau parleur.
Il me semble que si vous étiez chevalier,
Vous sauriez gentiment prier les dames.
Je ne veux pas laisser cependant
De vous demander pourquoi
Je dois commettre une trahison

Envers celui à qui j'ai juré ma foi. »
– « Dame, je vous le dirai bien :
C'est qu'Amour n'a point d'égard pour le serment :
La volonté suit le désir. »
– « Vous dites fort bien – ainsi Dieu m'aide ! –
Mais alors je vous ai vaincu : de bonne foi
J'aime mon mari
Plus que tout homme au monde ;
Et je ne veux point d'autre amant.
Comment pouvez-vous me conseiller cette impertinence,
D'aimer là où mon cœur n'est pas ? »
– « Dame, je ne dis rien d'impertinent,
Et il me semble que vous vous mettez en colère.
Cependant, si vous voulez m'écouter,
Vous ne pourrez plus raisonnablement vous défendre
D'aimer Antiphanor.
Je vous dis bien qu'il est de droit, en vérité,
Que vous aimiez votre mari plus que tout autre,
Aux yeux de tout le monde,
Mais qu'ensuite vous devez avoir merci
De celui qui meurt pour l'amour de vous.
Ne vous souvient-il pas de Blanchefleur
Qui aima Floris[5] sans tromperie,
Ni d'Iseut qui chérit Tristan,
Ni de Thisbé, quand au pertuis[6],
Elle alla parler à Pirame,
Si bien que jamais personne ne l'en put détourner ?
En chacune vous pouvez trouver un modèle.
Quel profit en aurez-vous si Antiphanor
Languit de votre amour et en meurt ?

---

5. Il a dû exister un roman en vers *Floris et Blancaflor*, version occitanienne de «*Floire et Blanchefleur*», traité d'après le français, dans toutes les langues de l'Europe notamment en italien par Boccace (Gaston Paris).

6. À la porte de la ville où elle se rend pendant la nuit « en se dérobant à la vigilance de ses parents » (Ovide, *Métam.*, IV, 55 et suiv.).

Le Dieu d'Amour et sa puissance,
Je sais qu'ils vous en revaudront de mauvais succès,
Ainsi que moi-même qui, pour cela, dirai
De vous tout le mal que je pourrai,
Si, sous peu, vous ne m'accordez
Que, s'il vous aime, vous l'aimez. »
– « Perroquet – ainsi Dieu puisse-t-il me conseiller ! –
Je vous répète que je m'émerveille
De ce que vous savez si bien parler.
Et puisque vous me voulez tant prier
Pour Antiphanor, votre maître,
Je vous supplie, au nom du Dieu d'amour,
De vite vous en aller, car vous tardez trop.
Je vous prie de lui dire
Que je prendrai bientôt une décision
Et que je lui manifesterai toute ma volonté.
Et si tant est qu'il me veuille aimer,
D'autant vous pouvez l'encourager
En lui disant que sur vos prières je l'aimerai,
Et que je ne me séparerai jamais de lui.
Portez-lui de ma part cet anneau ;
Je pense qu'il n'y en a pas de plus beau au monde,
Avec ce cordon garni d'or ouvré.
Qu'il l'accepte pour l'amour de moi !
Gardez-vous de vous retarder ;
Dans ce verger vous me retrouverez. »
– « Dame, dit alors le perroquet, – qu'ainsi Dieu me favorise ! –
C'est là un magnifique cadeau.
Je vais le lui porter sans faute.
Et puisque vous êtes si bien disposée pour lui,
Je le saluerai de votre part.
Que le Dieu qui n'a jamais menti[7],

---

7. Dieu est souvent appelé « vertadier ». Notez comment il est mêlé ici à une très profane intrigue d'amour.

Madame, vous accorde Antiphanor pour ami
Et me fasse voir, avant un an,
Que vous l'aimiez d'un cœur tout à fait sincère. »
Sur ce, ils rompent leur entretien.
De là-bas, tout au désir
D'aider la Dame et Antiphanor,
Du verger joyeux, et sans retard,
Il est allé droit à son seigneur.
Il lui raconte comment il s'est conduit :
Il commence par parler du grand mérite
Et de la grande beauté
De la dame – ainsi m'aide ma foi ! –
Et en cela il a montré sa courtoisie.
Puis il a déclaré : « Seigneur, jamais
Ne sera éduqué un tel perroquet
Qui parle en faveur de son maître
Autant que je l'ai fait pour votre amour.
Je m'en fus, en grand secret, jusqu'au jardin :
Je ne voulais pas que quelqu'un
Pût se mettre sur mes traces,
Aimant mieux être libre que prisonnier.
Je trouvai la Dame, en vérité.
Et je lui fis présent de votre amour.
Elle vous envoie cet anneau
Qui, je crois, est le plus beau du monde,
Avec ce cordon garni d'or ouvré, et vous prie
De les accepter par amitié pour elle.
Prenez-les donc pour l'amour d'elle,
Et que Dieu vous en rende bien et honneur.
Mais je ne vois pas pourquoi
Nous ne prendrions pas nos dispositions[8]
Pour pouvoir entrer dans le verger.
Je ne sais quel conseil vous donner sur ce point.
Pour moi, je mettrai le feu à la tour

---

8. M. à m. : « soin et occasion ».

Et aux combles, pour servir votre amour.
Et quand l'incendie sera allumé,
Vous pourrez entrer tout à loisir
Et courtiser votre Dame,
La tenir dans vos bras et l'embrasser. »
Antiphanor répondit vivement :
« Retournez d'abord au rendez-vous
Et parlez-lui, s'il vous plaît.
Faites-lui part de ces projets. »
Et ils se séparèrent.
Vraiment le perroquet est pour Antiphanor
Un fidèle et sincère ami :
Vers le verger il repart à tire d'aile.
Il retrouva la Dame sous un pin,
Et il la salua en son langage :
« Dame, que le Dieu qui vous a créée
Vous donne ce que vous désirez le plus
Et vous garde de mal et d'encombre !
Pourvu que votre chevalier,
Vous vouliez l'aimer aussi loyalement
Qu'il vous aime, lui, sans défaillance. »
– « Perroquet – qu'ainsi Dieu me conseille ! –
Si le monde entier m'appartenait,
Je le donnerais tout entier de bon cœur
Pour l'amitié d'Antiphanor.
Mais ce verger est bien fermé.
Les gardiens n'ont jamais de cesse :
Ils doivent veiller jusqu'au matin,
Et leur surveillance ne se relâche pas une seule nuit. »
– « Et vous ne connaissez pas, madame, quelque stratagème ? »
– « Moi, non ; et je ne suis point surprise
Que vous n'en voyiez pas non plus. »
– « Si fait, madame : écoutez-moi bien maintenant.
Je vais revenir vers mon maître,
Que j'ai laissé soucieux d'amour.

Je l'amènerai dès cette nuit
Et le conduirai au pied du mur.
Je porterai, s'il vous plaît, du feu grégeois,
Avec lequel je mettrai le feu au clocher,
À la tour et aux combles ;
Et quand le feu aura pris,
Les gardes y courront aussitôt :
Ils voudront l'éteindre à toute force.
À ce moment, n'hésitez pas longtemps !
Pensez à lui et faites-le entrer ;
Alors vous pourrez lui parler.
Et si ce conseil vous paraît bon,
Quoi qu'en ait le jaloux,
Vous pourrez vous donner du plaisir,
Couchés tous deux sur un même lit. »
La dame s'écria : « Voilà qui me plaît.
Allez chercher Antiphanor tout de suite ! »
Le perroquet se dirige alors
Vers son maître qui l'attendait.
Il le trouve à cheval,
Garni de son équipement.
Il porte le heaume et le haubert
Ainsi que les jambières de fer.
Il a chaussé ses éperons d'or
Et ceint l'épée au côté.
Le perroquet s'est approché de lui :
« Seigneur, dit-il, à mon avis,
Vous verrez cette nuit celle
Que vous aimez le plus d'un cœur sincère.
Votre Dame m'envoie vous dire
De vous rendre directement près d'elle.
Partez vite ! et partez doucement ! Que nul ne remarque
Le bruit des sabots de votre cheval
Et que personne, à moins d'être devin,
Ne puisse savoir votre dessein !
Toutefois nous avons besoin de feu grégeois

Dans un pot de fer ou d'acier :
Je le prendrai entre mes pattes.
Faites m'en donner tout de suite. »
Antiphanor lui en fait livrer
Aussitôt autant qu'il en veut.
Puis ils chevauchèrent avec tant d'ardeur
Qu'à la nuit ils furent près de la tour.
Les guetteurs cornent dans le clocher. L'un va voir
Et l'autre s'informe de ce qu'il a vu.
Ils doivent veiller jusqu'à l'aube.
Leur guet ne cessera pas une seule nuit.
Antiphanor met pied à terre,
Dépose près de son cheval
Son équipement tout entier,
Ne gardant que son glaive d'acier
Qu'il veut porter ceint à son flanc.
Et il n'en a nul besoin, croyez-moi.
Sans crainte, d'un cœur assuré,
Il s'avance jusqu'au pied du mur.
Le perroquet entre dans le verger
Par l'autre côté : il lui tarde
Beaucoup de mettre le feu,
Car il a laissé son maître tout seul, sans crainte.
S'approchant vite de la dame,
Comme s'il eût été un épervier
Et se posant à ses pieds,
Il lui dit tout aussitôt :
« Dame, j'ai laissé mon maître
Désarmé devant le grand portail.
Pensez à lui et faites-le entrer ;
Je vais incendier le château. »
– « Perroquet, mon habileté a pourvu
À tout ce qu'il fallait préparer.
J'ai par-devers moi les clefs du château.
Les voici sur ce coussin.
Allez incendier le château !

Je ne crois pas que jamais,
Nul oiseau n'ait tenté ni commencé
Un si riche exploit que sera celui-ci. »
Et sans se faire voir, le perroquet…
(Puis) à côté de la tour, près du terre-plein,
Il va mettre le feu à l'étage supérieur de leur château.
Le feu a pris aux quatre coins.
Et aussitôt une clameur s'élève :
« Au feu ! » crie-t-on d'une seule voix.
Et la Dame vient au portail.
Elle ouvre sans la permission
Des guetteurs et contre leur gré.
Antiphanor entre dans le verger.
En un lit, sous un laurier,
Avec sa dame, il s'alla coucher.
Et nul ne saurait conter
La joie qui fut entre eux deux,
Ni qui, des deux, fut le plus heureux.
Il leur parut, à ce que je crois,
Que ce fût là leur paradis.
Grand bonheur est entre eux mêlé.
Mais le feu fut vite amorti.
Ils travaillèrent à l'éteindre avec du vinaigre.
Et le perroquet pensa mourir,
Tant il eut peur pour son seigneur.
Aussi vite qu'il put, il vint vers eux,
Et se posa tout près du lit :
« Que ne vous levez-vous ? leur dit-il ;
Allons debout, et séparez-vous !
Le feu est mort partout. »
Antiphanor, le cœur serré.
Se leva et dit :
« Dame, que me voudrez-vous commander ? »
– « Seigneur, que vous vouliez vous efforcer
D'agir en preux tant que vous pourrez,
aussi longtemps que vous vivrez en ce siècle. »

Elle s'approcha de lui et le baisa trois fois.
Antiphanor s'en retourna promptement,
En fils de roi, sur son coursier.
Voilà ce que conte Arnaut de Carcassès
Qui a adressé des prières à maintes dames,
Destinées aussi à corriger les maris
Qui veulent trop surveiller leurs femmes.
Qu'ils les laissent aller à leur guise :
… Cela vaudra mieux, et ainsi, désormais,
Personne sur ce chapitre ne sera en faute.

4. DISPUTES ET SAVOIRS AMOUREUX

Matfre Ermengau

Nous savons seulement de Matfre Ermengau qu'il était de Béziers, qu'il était franciscain, et sans doute maître (gradué) ès lois (*senher en leys*). Il mourut vers 1322.

Il nous reste de lui deux pièces lyriques (une chanson d'amour et un sirventès moral), six coblas ou fragments de chansons insérés dans le *Breviari d'Amor*[1] et, surtout, ce dernier ouvrage, énorme poème didactique de 34.000 vers, qui a fait sa réputation au Moyen Âge, si l'on en juge par le nombre assez considérable de manuscrits qui nous l'ont conservé.

Le *Breviari d'Amor*, commencé en 1288, est une encyclopédie comparable à celles que le XIIIe siècle a vu naître en Occident; plus incomplète toutefois, puisque la grammaire, l'arithmétique, la géométrie, l'architecture n'y figurent pas, et que la médecine s'y réduit à l'exposé des propriétés curatives de quelques pierres, plantes et animaux. Les seules sciences qu'on y trouve traitées avec quelque ampleur sont la géographie

---

1. À quoi il faut ajouter une épître (*pistola*) adressée par Matfre Ermengau à sa sœur, au sujet de la fête de Noël. Cette épître se trouve à la fin du *Breviari d'Amor* (éd. Azaïs). Elle n'a aucune valeur littéraire.

physique, l'astronomie, l'astrologie, la météorologie, la minéralogie et l'histoire naturelle. Matfre Ermengau emprunte le plus clair de ses connaissances en histoire naturelle à Aristote et à Pline le Naturaliste. Sa physiologie est tirée de Galien. Son système astronomique reproduit la théorie de Ptolémée, telle qu'elle est expliquée dans l'*Almageste*, et, dans la mesure où l'astronomie se confond pour lui avec l'astrologie, celles des astronomes arabes : Almazor, Alfragas, Mizaël et Albumazar (ce dernier savant, dont le vrai nom est Abou Maschar Djafar ibn Mohammed (XIe siècle) était à la fois astronome, astrologue et géomancien : sa doctrine se retrouve dans les deux traités de géomancie, en langue d'oc, que nous possédons). Enfin, tant en astronomie qu'en histoire naturelle, Matfre Ermengau a fait en outre de nombreux emprunts aux *Questions naturelles* de Sénèque, aux *Six âges du monde* de Bède le Vénérable, aux *Tables Tolédanes* d'Alphonse le Sage…

Matfre Ermengau était probablement au courant de tout ce que l'on connaissait à son époque. C'est l'esprit « scientifique » qui lui manque, beaucoup plus que la science. Il ne s'intéresse qu'à ce qui lui paraît absolument « merveilleux » dans la nature. Aussi le *Breviaire d'Amour* est-il loin d'égaler, sous le rapport de l'utile, le *Speculum naturale* de Vincent de Beauvais. Tandis que le savant français décrit plus de cent espèces de pierres, nous dit à quoi elles servent réellement, quelle est la meilleure façon de les travailler, notre franciscain, lui, ne veut connaître que leurs propriétés magiques. Comme le fait remarquer fort justement Azaïs (Int. XLVIII) la boussole était déjà connue au temps de Matfre Ermengau, et même la force centrale de la terre, mais il ne prête aucune attention à ces deux « merveilles » de la nature, plus étonnantes pourtant que celles qu'il croit constater dans le monde de la magie. Dans l'aimant, ce qui l'intéresse, ce n'est pas qu'il puisse servir à faire des boussoles, mais qu'il soit pour le mari un moyen infaillible de s'assurer de la fidélité de sa femme...

Matfre Ermengau est un homme de foi et un moraliste. La théologie, l'angélologie, la démonologie, l'anthropologie mystique, l'Histoire sainte, l'étude des Écritures occupent dans son traité une place privilégiée, parce que ces sciences sacrées donnent une réponse aux problèmes religieux et moraux qui sont, pour lui, les premiers de tous, et qu'elles lui permettent d'établir entre les deux mondes – celui de Dieu et celui de la matière – une unité métaphysique qui est celle de l'Amour. Pour Matfre Ermengau, en effet, tout est amour; tout est une manifestation de l'Amour. Et sous ce rapport, il faut reconnaître qu'il se montre bien supérieur à Vincent de Beauvais. Sa doctrine présente une cohérence (qui coïncide d'ailleurs avec les constantes de la pensée d'oc tout entière, fondée sur cette même métaphysique de l'Amour), une fermeté de pensée, une trame systématique, que sont loin d'avoir au même degré les encyclopédies contemporaines, ou à peu près contemporaines (le *Tesoretto* de Brunetto Latini, *L'Image du monde* de Gautier de Metz, le *Speculum naturale* de Vincent de Beauvais), pourtant beaucoup plus savantes et plus complètes.

Le plan de tout l'ouvrage, ainsi que le principe d'où sera déduit tout le réel, sont nettement exposés: 1° dans le commentaire qu'il fait presque au début de son traité, de la figure allégorique qui orne le ms. C (vv. 261-528 : «*ici commence la matière de l'arbre d'Amour en général*» – «*ce traité est de la nature et des propriétés de l'arbre d'Amour*» – «*exposé desdites propriétés de l'arbre d'Amour*»); 2° dans un deuxième commentaire, en prose («*signification de l'arbre d'Amour abrégée et sans rimes*»), qui s'intercale entre le vers 528 et le vers 529 où commence l'«explication de l'arbre d'Amour dans le détail»; 3° enfin dans l'allégorie, bien curieuse par elle-même, que l'on peut voir reproduite photographiquement dans l'édition Azaïs (une sorte d'arbre kabbalistique sur lequel règne la « Nature » animée par les quatre *droits* d'Amour).

On nous saura gré de donner l'analyse exacte de cette Doctrine d'Amour, telle qu'elle se trouve exposée dans les deux commentaires et « figurée » par la miniature du ms. C.

1. Dieu est Amour total (« amors generals »). L'amour est le Saint-Esprit (v. 663). Il est à l'origine de tous les mouvements d'amour (conscients ou inconscients, comme on dirait aujourd'hui). Il est l'Absolu. Mais, par ses effets, il descend sur la créature. En tant qu'Absolu, il est *non créé* (sans commencement ni fin : Amour entre le Père, le Fils et le Saint-Esprit : vv. 263-264). – En tant qu'il se manifeste dans les êtres, il est l'*amour créé* (cf. Scot Érigène, *De divisione naturae* : Dieu, en tant qu'il est non créé et qu'il crée ; le monde, en tant qu'il est créé et qu'il ne crée pas).

2. Au-dessous de Dieu est la nature « créée pour régir toutes les créatures » (aucune trace de panthéisme : Dieu est transcendant et distinct de la nature). D'elle prennent naissance deux sortes de « droits » : *le droit de nature* proprement dit, et *le droit des gens* (« dregz de gens »).

3. Le droit de nature se subdivise en deux manières d'amour : a) *l'amour sexuel*, b) *l'amour de la mère pour son enfant*. Ces deux « manieiras de dregz » sont communes à toutes les créatures animées (« creaturas sentens »).

4. Le droit des gens se subdivise lui aussi en deux sortes d'amour : a) *l'amour de Dieu et du prochain*, b) *l'amour des biens temporels*, lesquels n'apparaissent que dans les créatures douées de raison, c'est-à-dire chez l'homme.

5. De ces quatre « droits » naissent des « biens » qui en sont comme le but et l'accomplissement :

De l'amour de Dieu et du prochain procède la vie éternelle ;
De l'amour des biens temporels : le plaisir ;
De l'amour des sexes : des fils et des filles ;
De l'amour des enfants : la joie.

Dans la miniature du ms. C les biens attachés à l'exercice des quatre droits sont symbolisés par des fruits que portent les arbres correspondant chacun à l'un de ces droits.

6. Le poète expose alors les moyens qu'il faut employer, les vertus à mettre en œuvre, pour cueillir ces fruits :

Pour obtenir les fruits de l'amour de Dieu et du prochain, il faut pratiquer les vertus de l'« arbre de vie », à savoir : les trois vertus théologales : foi, charité, espérance ; les quatre vertus cardinales : tempérance, droiture, prudence, force d'âme ; les dons du Saint-Esprit : sagesse, entendement, conseil, vigueur, science, piété, crainte.

Pour obtenir les fruits de l'amour des biens temporels, deux vertus sont nécessaires : le zèle et la prudence.

Pour obtenir les fruits de l'« amour des dames » (« lo frug d'amor de las donas »), il faut cueillir d'abord les vertus de l'*arbre de la science du bien et du mal*, vertus qui ne sont autres que celles que les anciens troubadours ont chantées comme étant impliquées dans le *domnei* : générosité, hardiesse, courtoisie, douceur, galanterie ; bonne humeur, retenue, bonne éducation, prouesse, *mariage*, patience, connaissance, sens et savoir, courage...

Enfin pour obtenir le fruit de l'amour des enfants, il faut avoir deux vertus : celle qui consiste à « bien châtier » et celle qui consiste à « bien endoctriner ».

7. Après quoi Matfre Ermengau a soin de nous mettre en garde contre les défauts, ou les vices, qui

pourraient nous empêcher de cueillir les fruits des quatre arbres susdits. Ils sont figurés dans la miniature du ms. C par des personnages armés de haches et de scies qui s'attaquent aux arbres de l'amour de Dieu, de l'amour des biens temporels, de l'amour des dames, de l'amour des enfants. Les défauts – ou vices – en question sont inscrits sur les haches et les scies :

L'amour de Dieu est détruit par l'orgueil et les sept péchés capitaux.

L'amour des biens temporels par la *pensée de la mort.*

L'amour des dames par tous les défauts qui, au dire des anciens troubadours, ne devaient point entrer dans le cœur d'un parfait amant : médisance, avarice, etc.

L'amour des enfants, par le peu de soin qu'on met à les élever et à les instruire comme il faut (« neglegencia »).

8. Ces diverses sortes d'amour sont hiérarchisées : l'amour de Dieu et du prochain, le plus noble de tous, est inscrit sur la couronne[2] de la Dame, couronne sur laquelle descend le Saint-Esprit ; l'amour des enfants est placé sur son cœur. L'amour des biens temporels et l'amour charnel sont représentés sous les pieds de la Dame, pour indiquer qu'il faut les tenir bien réglés. Cette division de l'Amour en trois (si l'on met à part l'amour des biens temporels) correspond à peu près exactement à celle que G. de Calanson avait déjà établie dans sa célèbre chanson : « A leis cui am de cor c de saber. »

Dans ce système très cohérent – et qui résume bien des théories profondes – l'optimisme du poète (est-ce l'optimisme franciscain ?) met chaque chose à sa place. Ni l'amour des sexes, ni l'amour des biens temporels n'y sont condamnés en eux-mêmes. L'amour des biens temporels y est simplement *nié* par la pensée de la mort

---

2. Cette couronne – sur laquelle descend le Saint-Esprit – évoque la couronne « Kether » des kabbalistes. Simple coïncidence ?

(ce qui légitime indirectement la pauvreté franciscaine). L'amour sexuel est surmonté par l'amour des enfants en quoi il trouve sa fin. Il y a là l'ébauche d'une dialectique dont Matfre Ermengau a pour ainsi dire sauté les degrés, se contentant de prendre chez saint Augustin, chez saint Thomas, et surtout chez saint Bernard, les conclusions auxquelles il était bien décidé à aboutir.

Mais il a eu un autre souci : celui de ne rien rejeter des traditions occitanes de l'amour courtois. Il a voulu à toute force les inclure dans sa doctrine. Les troubadours de l'époque classique auraient sans doute été fort surpris de voir le *mariage*[3] se glisser au nombre des vertus nécessaires au loyal amant... C'est qu'il s'était produit à la fin du XIIIe siècle une réaction très vive contre la passion adultère et contre la tendance « naturaliste » des Occitaniens à voir dans l'amour la source « naturelle » de toutes les vertus. Matfre Ermengau, comme R. de Cornet, ne s'est d'ailleurs pas détaché complètement de l'idée qu'il y a une morale instinctive née de l'amour ; et peut-être les franciscains – qui affirmaient l'unité de l'Amour – étaient-ils plus portés que les autres religieux (cf. encore R. de Cornet) à sauvegarder tant bien que mal l'ancienne érotique.

Quoi qu'il en soit, Matfre Ermengau – qui se proclame *sers d'amor* (c'est-à-dire serviteur – parce que connaisseur – de l'amour) inclut le « domney » – et les vertus qui en découlent – dans le temps des fiançailles, comme une préparation à l'amour conjugal (et entend signifier, par cela même, que le mariage doit être fondé sur cette passion).

---

3. Dans le « Traité périlleux d'Amour », dernière partie du *Bréviaire d'Amour*, Matfre, aux vers 32758-63, reprend les hérétiques (les derniers cathares ?) qui « par erreur d'hérésie ont coutume de blâmer l'ordre matrimonial, et d'en médire. Ils vont semant grande erreur, et en cela, ils font grand péché et folie ».

Le *Breviari d'Amor*, qui commence par l'Amour de Dieu, se termine donc par le « Perilhos Tractat d'Amor » (le traité « périlleux » d'amour – « dangereux » à lire – et traitant d'une matière « périlleuse »), dans lequel le poète expose complètement sa théorie : l'amour des dames est bon en lui-même s'il a le mariage pour conclusion, c'est-à-dire s'il est tenu bien réglé et s'il n'entraîne aucun péché, aucun dommage moral.

L'intérêt de ce traité – qui cite un grand nombre de textes de troubadours du XIIe et du XIIIe siècles – réside surtout en ce fait qu'il marque un tournant décisif dans l'histoire de l'érotique occitane. On y voit l'amour se plier à la nouvelle orientation voulue par l'Église. Mais il va de soi que la conciliation n'est qu'apparente et bien artificielle ; que l'optimisme franciscain n'a rien de commun avec le franc naturalisme (idéalisé) des troubadours ; que Matfre Ermengau, en rejetant l'amour dans le mariage, prend le contre-pied exact des théories troubadouresques, et renverse la signification profonde de la morale courtoise, puisque pour lui un principe moralisateur vient refréner l'Amour, de l'extérieur, tandis que pour les troubadours, il naît, ce principe, de la liberté même de l'Amour.

Matfre Ermengau n'a à peu près aucune des qualités qui font les grands poètes. Mais, assez paradoxalement, il a quelques-unes de celles qui font les bons prosateurs. Quand sa versification lourde, lente, chevillée, ne vient pas trop gâter ses effets, il est capable de composer finement, d'articuler avec rigueur ses arguments, de tracer un portrait, un type social, d'une manière très nuancée. Sa rhétorique est loin d'être aussi maladroite qu'on l'a dit parfois. Quelques-uns de ses tableaux ont de l'accent, de la couleur, de l'énergie, et parfois même de la grandeur (le jugement dernier, l'enfer – bien inférieur cependant aux évocations dantesques). Dans la satire où il excelle (cf. *des bourgeois, des femmes*) il a montré plus de qualités d'observation, plus de réalisme, plus d'humour quelquefois, que la plupart des autres poètes occitans ou français de la même époque. Matfre Ermengau – dont bien peu d'érudits ont lu les 35.000 vers – a tout à gagner à être découpé en « morceaux choisis ».

Texte, avec corrections : *Le Breviari d'Amor* de Matfre Ermengau. Introduction, glossaire, texte par Gabriel Azaïs, Béziers-Paris, 1862.

Dans le *Breviari*, outre les quatre arbres correspondant aux quatre « dregz », il est fait mention de trois arbres symboliques : l'arbre de Vie, l'arbre d'Amour, l'arbre de la Science du bien et du mal. On ne peut cueillir les fruits de l'« amour de Dieu et du prochain » que si l'on a d'abord cueilli ceux de l'arbre de Vie (les trois vertus théologales, les quatre vertus cardinales, les sept dons du Saint-Esprit). La légende de l'arbre de Vie, qui s'est surtout répandue au XIIIe siècle, n'est qu'une figuration symbolique du « Mystère de Jésus-Christ ». C'est ainsi que dans le petit poème de saint Bonaventure (1221-1274) intitulé « *Lignum vitae* », l'arbre planté dans le paradis terrestre pour fournir à Adam les fruits de l'immortalité, devient l'« arbre de la croix ». On se mit à penser alors que la croix sur laquelle était mort Jésus-Christ avait été faite réellement avec le bois de l'arbre paradisiaque miraculeusement préservé. Tandis que certains poètes (Peire Cardenal) assimilaient la croix à l'arbre du Savoir, d'autres (R. de Cornet) en faisaient, comme Matfre Ermengau, l'arbre de Vie…

Ce dernier insiste surtout sur le fruit principal de cet arbre de Vie : la foi. On remarquera, à ce propos, qu'il ne retient pas la définition proposée par saint Paul : *Fides est substantia rerum sperandarum, argumentum non apparentium* (*Hébr.*, II). Il lui enlève son caractère ésotérique, il la simplifie : « La Foi est une vertu par laquelle on croit ce que l'on ne voit pas. »

C'est alors qu'il entreprend de nous retracer la vie de Jésus (3 000 vers). Jésus est l'objet de notre foi et en même temps Celui dont nous devons imiter la foi en le Père. Les vies de saint André, de saint Thomas, de saint Jean l'Évangéliste ne figurent ici que pour illustrer les autres vertus. C'est ainsi que celle de saint Jean nous montre le peu de prix qu'ajoutait cet apôtre à la possession des biens temporels : elle nous prêche le mépris des richesses.

Si Matfre Ermengau ne s'était proposé que de traiter de l'amour de Dieu et du prochain, il aurait pu arrêter là son ouvrage (v. 27.250). Mais il lui fallait exposer encore ce qui a trait à l'amour des sexes.

La transition employée par lui pour y revenir se décompose en trois courts chapitres que l'on peut résumer ainsi :

1° Dieu a voulu accoupler, dans le Paradis, Adam et Ève, les animaux mâles et femelles.

2° L'amour des sexes est bon si l'on en use bien.

3° Il y a cependant péril à user de l'amour sexuel. On voit combien notre auteur excelle dans les transitions logiques. Celle-ci est un raisonnement fort rigoureux.

Nous citons ici le deuxième de ces chapitres. Il donne l'esprit dans lequel est rédigé le « Traité périlleux d'Amour » qui lui fait suite (27.790-34.597), et illustre de façon précise ce que nous avons dit sur l'érotique de Matfre Ermengau.

Le bréviaire d'amour

L'Amour du masculin avec le féminin est bon en soi, pourvu que l'on en use bien ; et de quelle manière on peut en bien user.

Comme quelques fous pourraient s'imaginer
Que cet amour des sexes est un mal,
Je dois dire, pour ma justification,
Que je tiens à en parler
Dans ce livre, où j'ai traité
De tant de biens d'ordre divin.
Car ce mouvement naturel,
Donné à tous les animaux,
Est bon sans aucun doute,
En tant qu'il a été établi par Dieu ;
Car Dieu n'a jamais ordonné,
Voulu ou créé quelque chose de mauvais,
Et il n'est pas possible qu'il se soit trompé en rien.
C'est pour cette raison que saint Augustin
Déclare que toute tendance naturelle,
En tant qu'elle est bonne et ne contient aucun mal,
Est véritablement l'œuvre de Dieu,
Le Père tout-puissant,
Mais qu'elle est l'œuvre des pécheurs que nous sommes,
Dans la mesure où elle devient péché et folie.
Disons donc que l'amour, en soi,

Est bon, si l'on en use bien.
Et si les sots, dans leur folie,
En mésusent,
Il ne résulte pas de leur égarement
Que cet amour ne soit pas bon.
Car c'est par sottise que l'on fait
Mauvais usage de ce qui en soi n'est pas un mal.
Aussi ne doit-on pas blâmer l'Amour,
Mais celui qu'on verra en user de façon déréglée.
Et celui qui ne le pratiquera pas comme il faut,
Qu'il sache que quelque jour il le paiera.
En vérité, la tendance charnelle
Procure un très grand mérite aux personnes
Qui savent la tenir bien réglée
En maîtrisant leurs désirs,
Et surmonter la tentation
Par leur bon sens et leur raison,
Ne s'abandonnant pas à ce mouvement naturel,
Dans le cas où ce serait contre leur devoir,
Mais le pliant
Au service de Dieu,
* Comme le fait celui qui s'unit à une femme,
* Pour avoir des enfants capables
De servir un jour leur Créateur,
Par leurs paroles et leurs actions vertueuses,
Et non point dans un but
De délectation charnelle ;
Et qui aime sa femme d'un cœur sincère
Sans convoiter celle des autres.
Pourtant, si quelqu'un n'est pas encore marié,
Il peut bien s'adonner à l'amour
En aimant comme « dame », à condition qu'il gouverne
    bien cet amour,
Une demoiselle sans mari,
Pourvu qu'il l'aime d'un amour loyal,

Tel qu'il ne poursuive point folie,
* Mais éprouve le désir et forme le dessein
* De la prendre pour épouse.
Afin d'éviter le mal et le péché ;
Qu'il fasse, enfin, ce que Dieu a commandé
* Pour la conservation de la nature
* En engendrant – pour la gloire
Et la satisfaction divines – une postérité qui sera
Au service du Seigneur.
Il peut aimer de même – et d'un amour licite –
Les femmes en général,
Et les jeunes filles, sans commettre de péché,
L'amant loyal, s'il sait leur porter affection,
* En louant Dieu dans sa créature,
* Ce Dieu qui voulut, par bonté pure,
Donner la femme à l'homme
Pour conserver l'espèce,
Et qui, dans cette intention, établit
Entre eux cet amour naturel.
Et comme nous sommes tous nés d'une femme,
Nous leur devons d'autant plus d'amitié ;
C'est aussi parce qu'elles nous ont élevés,
À grand travail, quand nous étions enfants.
Si c'est dans cet esprit
Que l'homme aime loyalement les dames,
Comme on doit aimer d'amour
Naturel son bienfaiteur,
* En sorte que cet amour ne désire
* Aucune action malhonnête,
Et si par le moyen de l'amour, il veut être preux,
Franc, doux, bien appris, joyeux
Et galant, généreux et distingué,
Sage, courtois et courageux, tout animé
D'un grand désir de faire le bien
Et d'éviter le mal,

Alors un tel homme pratique et gouverne l'amour
Selon la loi du fidèle amant.
* Et l'amour serait chose sainte
* Si tout amoureux se conduisait ainsi.

Peire d'Auvergne

Peire d'Auvergne était le fils d'un bourgeois du diocèse de Clermont. Il fit des études pour être d'église, fut peut-être chanoine (selon Bernart Marti) et devint finalement jongleur. Il voyagea en Espagne en 1158. Il reste de lui une vingtaine de pièces écrites entre 1150 et 1180.

Son sirventès (date probable 1170) sur douze troubadours, ses contemporains, est un premier essai de critique littéraire, mais, comme on le verra, c'est une critique familière, médisante, humoristique, qui ne s'attache guère à juger impartialement des mérites ou des défauts de ceux à qui elle s'en prend.

Parmi les troubadours nommés, Peire de Rogiers, Giraut de Borneil, Bernard de Ventadour, Raimbaut d'Orange figurent dans notre anthologie (voir leurs notices biographiques).

Lémozi (str. 4) nous a laissé une tenson avec B. de Ventadour.

Guilhem de Ribes (str. 5) est un troubadour mineur de Ribes (près Largentière, Ardèche) dont l'œuvre est perdue.

De Grimoart Gausmar (str. 6) il reste une chanson.

Peire de Monzon (str. 7) est un troubadour inconnu, certainement aragonais ou catalan.

Bernart – ou plutôt Bertran – de Saissac, près Carcassonne (str. 8) : son œuvre est perdue.

Èble de Saignes, près Mauriac, Cantal (str. 10); troubadour du XIIIe siècle.

Guossalbo Roitz (str. 11) est identifié par W. T. Pattison avec Gonzalo Ruiz de la Bureba, alferez d'Alfonse VIII de Castille (voir M. de Riquer, *La lirica de los Tr.*, I, 212, n° 67).

Cossezen (str. 12): ce personnage est inconnu.

Le château de Puivert – où le poète nous dit que ce « vers » fut composé au son des cornemuses – est celui dont les ruines se dressent encore à Puivert (à 20 km au sud-ouest de Limoux). Pris et détruit par Simon de Montfort en 1210, il fut rebâti vers la fin du XIIIe siècle. On voit encore dans une salle voûtée de belles sculptures représentant des musiciens, avec leurs instruments, parmi lesquels un joueur d'enflabot (cornemuse). Ces sculptures datent de la reconstruction du château fin du XIIIe siècle.

Sirventès sur douze troubadours

Peire Rogiers (c'est pour cela
Que je m'en prends d'abord à lui)
Chante l'amour. Il a grand tort.
Bien mieux lui siérait un psautier,
Un chandelier au bout du bras,
Couronné d'une flamme droite.

Le second, Giraut de Borneil,
À la mine d'une outre flasque.
Sa figure, dans un miroir,
Ne vaut pas un fruit d'églantier.
Ses chansons ? Chétives, minables,
Des chefs-d'œuvre pour vieille au puits !

En trois, Bernard de Ventadour.
Il ne vaut même pas Borneil.
Son père était un serviteur,
Tireur habile à l'arc d'aubour.
Sa mère ramassait le bois
Et chauffait le four du château.

En quatre, Lémozi de Brive,
Le jongleur le plus pleurnichard
Qui soit d'ici à Bénévent.
Quand il chante on dirait, le pauvre,
Un pèlerin si maladif
Que pour un peu on le plaindrait.

En cinquième, Guilhem de Ribes,
Mauvais dehors comme dedans,
Enroué chronique. Son chant
N'est qu'un couinement inaudible.
Un chien ferait mieux. Ses yeux ? Blancs,
Comme on voit aux statues d'argent.

Sixième : Grimoart Gausmar,
Vrai chevalier, troubadour pauvre,
Mauvais exemple. C'est à tort
Qu'on lui offre de beaux habits.
Pourquoi se vouloir chevalier ?
Les jeunes se feront jongleurs !

Septième : Peire de Monzon.
Le comte toulousain le comble
De présents. En refuse-t-il ?
Jamais. Quelle grossièreté !
Qui le vola fut bien courtois
De ne pas lui trancher au ras
Ce qui pend au devant des hommes !

Huitième : Bernart de Saissac.
Le seul métier où il excelle
Est celui de pompe à cadeaux.
Je l'estime moins qu'une crotte
Depuis qu'à messire Bertrand
Il mendia un vieux manteau.

Neuvième : messire Raimbaut.
Il se croit poète majeur.
Moi, je l'estime sans valeur.
Ses vers manquent de gaie chaleur.
À tout prendre, je lui préfère
Un mendiant joueur de pipeau.

Le dixième est Èble de Saignes
Qui demeura pauvre d'amour
Bien qu'il chante coquettement.
C'est un prétentieux chicaneur.
On dit qu'il se loue d'un côté
Et pour deux sous se vend de l'autre.

Le onzième est Gossalbo Roitz.
Tant il est fat et fier de lui
Qu'il se prend pour un chevalier.
Mais il est si mal équipé
Qu'il n'a jamais battu personne,
Sauf à la fuite dératée.

Le douzième est un vieux Lombard
Qui traite ses voisins de lâches
Quand lui-même tremble de peur.
Il compose des airs gaillards
Sur des mots pointus et bâtards.
On le nomme Joli-Bellot.

Peire d'Auvergne chante bien
Tant les notes hautes que basses.
Ses mélodies sont de bon goût,
Le meilleur troubadour, c'est lui,
Sauf que ses vers sont si obscurs
Qu'on a du mal à le comprendre.

Fin du chant à l'outre à musique
Parmi jeux et rires, à Puivert.

Le moine de Montaudon
(1180-1213 environ)

Le « moine de Montaudon » s'appelait Pierre de Vic et était un cadet de noble famille. Il entra tout jeune au monastère d'Aurillac et devint prieur de Montaudon (peut-être au sud-est de Clermont-Ferrand). Par la suite il se fit jongleur pour enrichir son prieuré avec les dons qu'il recevait. Il fut protégé par le roi Alfonse II d'Aragon et par Richard Cœur de Lion. D'après sa « biographie » il serait mort « en Espagne », au prieuré de « Villafranca » (Villefranche-de-Conflent, sur la Têt, près de Prades, aujourd'hui en Roussillon français).

Son œuvre comprend dix-neuf pièces, parmi lesquelles quatre poèmes humoristiques d'excellente facture.

Dans sa satire contre seize troubadours, le moine de Montaudon imite et continue Peire d'Auvergne, avec – nous semble-t-il – plus d'esprit que lui.

Les troubadours : Miraval, G. Faidit, A. Daniel, A. de Mareuil, Folquet de Marseille, Peire Vidal ont pris place dans le présent ouvrage. On trouvera leur biographie et le récit des aventures, auxquelles le moine de Montaudon fait allusion, dans les notices qui leur sont consacrées.

Guilhem de Saint-Leidier (str. 2), Saint-Didier-en-

Velay, arrondissement d'Yssingeaux, Haute-Loire, a vécu de 1163 à 1200 environ : huit ou neuf chansons.

Tremoleta (str. 9), peut-être Tribolet, dont il reste deux coblas.

Saïl d'Escola (str. 11) : jongleur de Bergerac. Son surnom signifie « Transfuge de l'école » : une chanson.

Guiraut le Roux (str. 12) de Toulouse, XIIIe siècle : sept ou huit chansons.

Guillaume Moysès, ou Marquès (str. 14) : n'est connu que par ce passage.

Peire Laroque (str. 16) : inconnu.

Sirventès

Puisque sire Peire d'Auvergne
A chanté les troubadours morts,
Je veux dire mon opinion
Sur ceux récemment apparus.
Qu'ils veuillent bien me pardonner
Si je raille un peu leurs défauts.

Le premier est de Saint-Didier :
Guilhem. Il chante volontiers,
Mais comme il fait faire par d'autres
Ses demandes, quel cœur a-t-il ?
Trop petit, et de piètre accueil !

Vicomte de Saint-Antonin
Est le second. Pauvre d'amour !
Sa première et unique amie
Se fit, semble-t-il, hérétique.
Il n'en a jamais aimé d'autre
Et il en pleure jour et nuit.

Le troisième est du Carcassès :
Miraval. Il se croit courtois
Car il ouvre à tous son château,
Mais lui n'y passe pas les fêtes
Et n'y vit, de tout l'an, qu'un mois.
On peut le lui prendre, il s'en moque !

Quatre : Peirol, un Auvergnat.
Depuis trente ans, mêmes habits.
Il est plus sec que bois qui brûle.
Ses vers ? Pourris. Depuis qu'il vit
Avec les gueuses de Clermont,
Il n'a vraiment rien fait de bon.

Le cinquième est Gaucelm Faidit.
Il fut amant, il est mari,
Et sa femme partout le suit.
Du coup, il ne roucoule plus.
D'ailleurs, il n'est guère estimé
Que d'Agen aux portes d'Uzerche.

Sixième : Guilhem Adémar.
Plus mauvais que lui ? Impossible.
Il ne gagne que vieux habits
Et chante pour n'importe qui,
Anonyme, parmi trente autres.
Ce n'est qu'un pauvre malheureux.

En sept, voici Arnaut Daniel
Qui de sa vie n'a rien chanté
Que folles paroles obscures.
Sur un bœuf il poursuit le lièvre
Et nage contre le courant.
Son chant ne vaut pas un radis.

Tremoleta le Catalan,
Lui, fait des mélodies faciles,
Monotones, bref sans valeur.
De plus, il se teint les cheveux.
Il serait blanc depuis trente ans
S'il ne se pommadait de noir !

Le neuvième, Arnaut de Mareuil,
Me paraît de piteuse allure.
Point d'égard n'a pour lui sa dame,
Elle refuse de l'accueillir.
Par ses yeux il crie au secours,
Ses chants sont tout mouillés de larmes.

Dixième : Saïl d'Escola.
De jongleur il s'est fait bourgeois.
À Bergerac il vend, achète,
Et quand ne lui reste plus rien,
Chez le vicomte de Narbonne
Il va trottant, et chante faux.

Le onzième est Guiraut le Roux.
Il vit, lui, des chansons des autres.
Il est ennuyeux, et pourtant,
Il s'est cru assez méritant
Pour quitter l'héritier d'Alphonse
Qui l'avait tiré du néant.

Douzième : Folquet de Marseille,
Petit marchand sans avenir
Qui a juré un peu trop vite
De ne jamais écrire un vers.
Ce ne fut pas la seule fois
Qu'il se parjura sciemment.

Le treizième, c'est mon voisin
Et mon cousin Guilhem Moysès.
Je ne voudrais pas trop médire,
Mais ses chansons de rien du tout
L'ont tant usé que le voilà
Vieux moustachu et barbu blanc.

Peire Vidal est incomplet :
Lui manque, apparemment, la tête.

À ce paysan pelletier
Il faudrait langue d'argent fin,
Car depuis qu'il est chevalier
Il n'a plus le moindre bon sens.

Peire Laroque (un chevalier
De Cardenès) est le quinzième.
On ne comprend rien à ses chants.
Quand il dit vers ou sirventès,
On dirait qu'il est pris de fièvre
Tant il va remuant le front.

Enfin seizième, et c'est assez :
Le faux moine de Montaudon.
Disputailleur impénitent,
Il a laissé Dieu pour le lard.
Pour délit de vers et chansons,
Certes on devrait le pendre au vent !

Le moine a fait et dit ce chant
(c'est une première) à Caussade.
Il l'envoie à sire Bernard
Sans plus tarder. Cadeau d'ami !

Raimbaut d'Orange et Giraut de Borneil[4]

Le « trobar clus » – ou poésie « fermée » aux non connaisseurs, difficile, et par suite souvent obscure – est pratiqué par une école qui, dès le milieu du XIIe siècle, s'est efforcée d'atteindre à une expression rare, recherchée et pleinement artistique par l'élimination de toute banalité et prosaïsme. Ses principaux représentants ont été, dans l'ordre chronologique : Marcabru, Peire d'Auvergne, Raimbaut d'Orange, Giraut de Borneil (dans sa première manière), Guillem de Cabestanh, et surtout Arnaut Daniel.

On peut distinguer deux hermétismes très voisins, le *trobar clus* proprement dit, s'attachant à la pensée rare, au double sens, à un certain jeu énigmatique, et le *trobar ric* qui recherche plutôt la « richesse », c'est-à-dire l'originalité de l'expression. Les mots rares eux-mêmes entraînant assez souvent des idées recherchées, ces deux manières tendent à se juxtaposer. Le *trobar clus* est la plus ancienne, chez un Marcabru et son école. Peire d'Auvergne oscille entre le *trobar clus* et le *trobar ric* ; « Raimbaut d'Orange et Arnaut Daniel sont les coryphées du *trobar ric* » (Jeanroy) ; Giraut de Borneil, après avoir pratiqué le *trobar clus* s'est « converti » au *trobar ric* et (en apparence seulement) au *trobar leu*

---

4. Voir les notices biographiques de ces deux troubadours, pages 51 et 67.

(voir plus loin, la note finale de sa tenson avec Raimbaut d'Orange).

Il faut dire qu'aujourd'hui les poètes du *trobar clus* ou du *trobar ric* ne nous paraissent pas toujours tellement plus obscurs que les autres. Nous doutons même qu'un lecteur non averti soit capable de distinguer facilement les troubadours qui passaient pour difficiles au XIIIe siècle de ceux qui passaient pour « clairs ». C'est sans doute – le fait est quasi général dans toutes les littératures – que les « poésies hermétiques » s'éclairent parfois en vieillissant, soit comme d'elles-mêmes, soit par la pratique postérieure de procédés analogues (chez un Mallarmé, par exemple). Et la vérité, c'est que les trouvailles heureuses – elles sont très nombreuses – du *trobar clus* sont demeurées plus fraîches que beaucoup d'autres, plus banales, qui constituent le fond des poèmes « compris de tous ». (Nous pensons à quelques beaux chants de Guillem de Cabestanh.)

Le « trobar clus » était d'ailleurs dans la ligne générale de la poésie d'oc, savante, raffinée, aristocratique : il n'a représenté que la tendance extrême – l'exagération, si l'on veut – de son propos fondamental. Si l'époque n'avait point exigé que la recherche d'art portât sur le mécanisme de la strophe et des rimes, sur l'ingéniosité de l'agencement des mots et sur leur rareté, plutôt que sur l'image, l'harmonie du ton et de la « couleur », et sur les rapports à établir entre les idées poétiques, bref sur l'invention formelle plutôt que sur l'invention esthétique proprement dite (voir certaines acrobaties stériles d'Arnaut Daniel, auxquelles nous avouons demeurer insensible), les troubadours du *trobar clus* auraient inventé, il y a sept cents ans, ce qu'on est convenu d'appeler la « poésie moderne », c'est-à-dire la poésie purifiée, *en fin d'évolution*, de tout ce qui n'est pas elle-même.

Dans la tenson suivante, « qui est sans doute le plus ancien exemple de controverse littéraire que nous trouvions dans une langue moderne » (Jeanroy), Raimbaut d'Orange défend son art contre Giraut de Borneil, qui soutient, lui, « la poésie que tout le monde peut comprendre ». On notera que souvent Giraut ne parle pas plus « facilement » ou clairement – du moins pour nous – que son interlocuteur (cf. coblas IV et VI).

Linhaure est le *senhal* ou surnom de Raimbaut d'Orange, chez G. de Borneil.

Texte (revu) et traduction (rectifiée) de Audiau-Lavaud, *N. Anth. des Troubadours*, pp. 191-194.

Tenson

« Il me plaît Giraut de Borneil,
de savoir pourquoi vous blâmez
La poésie « fermée » et selon quelle apparence.
    Et dites-moi
    Si vous estimez
Tout ce qui est commun à tous,
Car alors tous les poètes seront égaux. »

« Messire Linhaure, je ne me plains pas
De voir chacun versifier[5] selon son goût ;
Mais je veux me juger moi-même selon ce principe :
    Que chant est plus aimé
    Et plus estimé,
Quand on le fait facile et simple.
Ne m'en veuillez pas de parler ainsi.

« Giraut, je ne souhaite pas que ma poésie
Retourne en telle cohue[6] où l'on aime autant
Le mauvais que le bon et le petit que le grand.
    Jamais les sots
    Ne la loueront,
Car ils ignorent et ils s'en moquent
Ce à quoi j'accorde du prix »

    5. *se troba*, « trouve pour lui ».
    6. Litt. : tel trépignement (bousculade) que l'on y aime... *torn* rappelle quelque « audition » précédente.

« Linhaure, si pour cette poésie (difficile)
Je veille et change mon divertissement en fatigue,
Il semble bien que pour elle j'aie peur du bruit de la critique[7].
   Pourquoi faites-vous des vers
   S'il ne vous plaît point
Que tel et tel les sache tout de suite ?
La poésie ne rapporte pas d'autre profit ! »

« Giraut, pourvu que je rassemble les meilleures pensées,
Que je les exprime aussitôt et les mette en relief,
Peu m'importe si mon œuvre se répand moins,
   Car un mets recherché
   Ne peut être vulgaire.
Voilà pourquoi on estime plus l'or que le sel,
Et il en va de même de la poésie. »

« Linhaure, il est de bon conseil[8],
Le parfait amoureux qui parle
Pourtant, ce qui m'inquiète plus

C'est qu'un chanteur sans voix
Proprement impayable
Détraque et dise mal
Ma mélodie légère

« Giraut, ni par le ciel, ni par le soleil,
Ni par le jour qui resplendit,
Je ne sais de quoi nous parlons[9].

---

7. Et que je veuille l'éviter.
8. C'est un excellent avocat.
9. Linhaure (Raimbaut), se souvenant qu'avant tout il est amoureux (*fis amans*, str. 6, 2), trouve tout à coup cette discussion oiseuse. Et Giraut revient aussi à ses amours.

Ni où je suis né,
Tant mon trouble est grand
Et tant je suis en joie parfaite et naturelle !
Lorsque je pense à autre chose, cela ne me tient pas au cœur. »

« Linhaure, si celle que je courtise tourne vers moi
(pour me repousser)
Le côté rouge[10] de son écu,
Je suis prêt à dire[11] : « Je me recommande à Dieu ! »
Quelle sotte pensée
Outrecuidante
A fait naître en moi une crainte déloyale !
Ne me souvient-il point comme elle fit de moi l'égal d'un comte[12] ? »

« Giraut, je regrette, par saint Martial,
Que vous partiez avant Noël. »

« Linhaure, c'est que je m'en vais sur-le-champ,
À une cour royale, riche et puissante[13]. »

---

10. Extérieur.
11. *Que* est introductif et explétif ; *volh* indicatif.
12. Il s'agit ici de la comtesse gasconne *Escaronha*, célébrée par Giraut, laquelle fut peut-être la femme de Bernart, seigneur de l'Isle-Jourdain (Gers).
13. La cour d'Alfonse II d'Aragon (1162-1196).

Guillaume de Poitiers[14]

Vers

Ce petit poème est un de ceux qui ont dû contribuer le plus à faire à Guillaume IX une réputation de poète gaulois, ami du rire et des plaisanteries osées. Le thème en est emprunté, semble-t-il, à cette vaste littérature orale, d'origine peut-être populaire, où la femme est représentée comme capable de toutes les perfidies, en proie à tous les vices. Fictions misogynes et poésie courtoise ont fait bon ménage pendant tout le Moyen Âge occitan ; elles ont parfois coexisté chez le même poète.

Cependant, ici, le conte « gaulois » prend place assez curieusement dans le cadre général de l'Amour courtois, tel qu'il s'ébauche chez Guillaume IX ; il en illustre l'un des préceptes les plus impérieux : « la dame ne doit aimer qu'un loyal chevalier ». Si celui qu'elle aime est un moine ou un clerc elle a tort... à plus forte raison si c'est un inconnu auprès de qui elle cherche à satisfaire sa lubricité. Agnès et Ermessen sont coupables aux yeux du poète de s'être livrées à un inconnu, simplement parce qu'il offrait toutes les garanties possibles de discrétion. Mais on a bien l'impression que Guillaume IX a vite oublié son propos initial et qu'il a surtout cherché à faire rire ses auditeurs.

---

14. Voir notice biographique le concernant, p. 37.

Le chat d'Agnès et d'Ermessen

Je fais un « vers » tout somnolant,
Et cheminant au grand soleil.
Je sais des dames malvenues.
Qui sont-elles ? Je peux le dire :
Celles qui méprisent l'amour
Des chevaliers.

Vers le Limousin, en Auvergne,
J'allais un jour, tranquille, seul,
Lorsque la femme de Garin
Et celle de sire Bernard
M'approchèrent et me saluèrent
Par messire saint Léonard.

L'une me dit dans son patois :
« Dieu vous assiste, pèlerin.
Vous me semblez de belle mine,
Quoiqu'il arrive que l'on voie
Aller çà et là par le monde,
Pas mal de fous ! »

Voici ce que je répondis.
Je ne lui dis ni « ba » ni « bu »,
Ne parlai d'outil ni de manche
Mais seulement lui bafouillai :
« Babi, babarin, babariol
et babarian ».

Alors Agnès, à Ermessen,
Dit : « Voilà ce que nous cherchons.
Ma sœur, par Dieu, hébergeons-le,
Car il est tout à fait muet.
De ce que nous ferons de lui,
Il ne dira rien, c'est certain ».

L'une me prit sous son manteau
Et me conduisit à sa chambre.
Sachez que cela me plut fort.
Le feu au fourneau était bon,
Je me chauffai à ses charbons
Tout rougeoyants.

On me fit manger des chapons.
Combien ? Je ne sais, deux ou trois.
Ni cuisinier, ni marmiton,
Seulement les deux femmes et moi.
Le pain était blanc, le vin frais,
Et le poivre fort abondant.

« Ma sœur, cet homme est un rusé,
il sait parler mais s'en retient.
Amenons-lui sans plus tarder
Notre chat roux. Il saura bien
Lui rendre aussitôt la parole,
S'il veut vraiment nous berlurer ».

Agnès s'en fut et s'en revint
Avec l'animal moustachu.
Quand je le vis là, entre nous,
Je fus pris de peur, je l'avoue.
Peu s'en fallut que m'abandonnent
Ma hardiesse et ma fierté.

Quand nous eûmes bu et mangé,
Elles me firent déshabiller
Puis sur mon dos elles appliquèrent
Ce traître, ce brigand de chat
Et le firent aller de ma nuque
À mes côtes et mes talons.

Elles le tirèrent par la queue.
Évidemment, il me griffa.
Je reçus de lui, ce jour-là,
Une centaine de plaies vives,
Mais je n'ai pas bougé d'un poil.
Plutôt me laisser trucider !

« Sœur, dit Agnès à Ermessen,
il est muet, c'est évident.
Préparons le bain et pensons
À nous accorder du bon temps ».
Huit jours et plus je demeurai
Dans cette vivante fournaise.

Avec elles je m'ébattis
Au bas mot cent quatre-vingt fois !
Peu s'en fallut que je m'y brise
Et les bretelles, et le harnois.
Le mal qui m'en vint fut plus grand
Que je ne saurais vous le dire.

Non, ce mal, vous ne saurez pas
À quel point il me fit souffrir !

Mir Bernat

On ne sait rien de ce troubadour sinon qu'il était originaire du Carcassès et qu'il habitait la cité de Carcassonne au temps où Sifre (sur lequel nous ne sommes pas mieux renseignés) vint l'y consulter (2ᵉ moitié du XIIIᵉ siècle).

Plusieurs chevaliers de Laurac (canton de Fanjeaux, Aude) ont porté ce nom. L'un d'eux, « croyant » cathare depuis 1209, ne fut livré au bras séculier qu'en 1244, par les Inquisiteurs Ferrier et Durand. Ce Mir Bernat est peut-être notre troubadour.

Le thème qu'il met en œuvre dans ce jeu parti n'a rien d'original. Il figure déjà dans le *Liber de Amore* d'André le Chapelain (vers 1180 ? ou 1220 ?), sous la forme suivante : une dame ayant donné le choix à deux barons, l'un choisit le « haut » de sa personne, l'autre le « bas ». Quel est celui qui aime le mieux ? Celui qui a préféré le « bas », déclare la dame : c'est du bas, en effet, que proviennent tous les plaisirs qui consolent les hommes de leurs soucis…

Ici, la dame ne paraît point. C'est Mir Bernat qui parle le dernier et prétend l'emporter sur Sifre. On remarquera que Mir Bernat – chevalier (très probablement) – défend ici contre Sifre (de petite extrace ? ou peu digne d'être chevalier, puisqu'il s'adonne à la

« courtoisie » platonique) le point de vue de l'amour chevaleresque tel que nous l'avons déjà exposé. Cet amour chevaleresque, plus réaliste que l'amour courtois, n'est « idéaliste » que dans la mesure où il est censé développer la valeur guerrière : celui qui craint de déplaire au mari dont il courtise la femme, accomplira difficilement grandes prouesses (voir str. 8).

Jeu parti

Mir Bernat, puisque nous voici
À la cité de Carcassonne,
Sur une importante question
Conseillez-moi, je vous en prie.
D'une dame j'ai la moitié
Mais je ne peux me décider
Pour le haut du corps, ou le bas.

Sifre, soyez le bienvenu.
Si vous voulez mon sentiment
(Attendez que je réfléchisse)
Le voici. Parole d'honneur,
Sachez bien, si vous m'en croyez,
Qu'en cette délicate affaire
C'est le con qu'il vous faut choisir.

Mir Bernat, j'aurais préféré
Des mots couverts. Vous me gênez.
Vous prisez donc le côté bas.
Le lieu précis, vous l'avez dit.
Que Jésus cesse de m'aimer
Si, moi, je ne préfère pas
Le haut du corps, côté cheveux.

Vous laissez, Sifre, le meilleur :
Le bas, voilà la bonne part.
C'est nature autant que coutume,

Tous les amants vous le diront.
Mieux vaut le bas que le visage.
Personne au monde, assurément,
Sur ce point ne peut dire mieux.

Mir Bernat, vous êtes grossier.
Ne me mettez pas en colère !
Dans cette part que vous prisez,
Les amants, les maris s'égarent.
Mieux vaut gentiment approcher,
Embrasser, caliner, baiser
Bouche, visage, front, paupières.

Sifre, je ne divague pas,
Votre meilleur, je le pratique :
J'embrasse et baise tous les jours
Tant mes frères que mes cousins.
Mais je persiste, et je dis vrai :
Tout amour d'amant véritable
Prend sa source à l'endroit caché.

Mir Bernat, dans ce jeu parti
Vous faites vraiment fausse route.
Moi, j'ai choisi le côté haut.
Le mari n'en prend pas ombrage,
Et je ne veux pas l'irriter.
Je vous laisse le côté bas,
Il ne peut faire mon bonheur.

Sifre, je ne suis pas d'accord.
Vous êtes mauvais chevalier.
Vous n'accomplirez rien de grand,
Si par crainte du vieux jaloux
Vous renoncez au bas côté
Qui réjouit les bons amants
Et fait grand bien aux cœurs battants.

5. LA GUERRE ET LA MORT

Les grands thèmes de la mort et de l'héroïsme chevaleresque apparaissent, à l'origine de la poésie occitane, dans les chants lyriques et dans les poèmes épiques, mais «sublimés». C'est ainsi, par exemple, que, dans les chansons, le thème de la mort devient celui de la mort-par-amour. Nous avons cru devoir isoler les textes qui se rattachent de près ou de loin – mais spécialement – aux malheurs issus de la guerre (les *planhs*), ceux qui appellent aux armes pour une cause d'ailleurs fort noble – la Croisade – et de ce fait rattachent la valeur guerrière à un principe spirituel ou religieux.

Guillaume de Poitiers

Pos de chantar m'es pres talenz

Après que son excommunication a été levée, en 1117, Guillaume IX va partir pour la croisade d'Espagne, prêchée par Pascal II contre les Almoravides. En 1120, à la tête de six cents chevaliers, il combattra à Cutanda, aux côtés d'Alfonse le Batailleur. Il songe ici à sa fin prochaine et tremble pour son fils qu'il laisse en garde à Foulque d'Anjou. Par sa simplicité, son ton émouvant et sincère, par son « écriture », aussi, si étonnamment moderne (l'évocation finale des fourrures symbolisant la vie princière), ce poème est l'un des plus beaux de la poésie occitane.

La mélodie en est resté fameuse : elle est encore utilisée dans le *Jeu de sainte Agnès*, XIVe siècle.

Vers

Puisque j'ai désir de chanter,
Je ferai un « vers » sur ma peine :
Je ne servirai plus Amour
En Poitou ni en Limousin.

Je m'en vais partir pour l'exil :
En grande peur, en grand péril,
En guerre laisserai mon fils :
Ses voisins lui feront du mal.

Qu'il m'est cruel de m'éloigner
De ma seigneurie de Poitiers !
Je laisse en garde de Foucon[1]
Toute la terre et son cousin.

Si Foucon d'Angers – ni le roi[2]
De qui je tiens mon fief – ne l'aident,
La plupart lui feront du mal :
Félons Gascons et Angevins.

---

1. Foucon (Foulque) d'Anjou (1092-1148). Son cousin (né en 1099), le fils de Guillaume (IX, de Poitiers), lui est confié par Guillaume partant pour un pèlerinage, sans doute « celui qu'il accomplit au moment où son excommunication fut levée vers 1117 ». Le fardeau insupportable (8, 3) serait celui de l'anathème ; et le poète est assez âgé pour pouvoir parler de sa fin prochaine (8, 4). (D'après A. Jeanroy).
2. Le roi de France, Louis VI le Gros (1108-1137).

S'il n'est très prudent et très preux,
Quand je serai parti de vous,
Ils l'auront vite mis à bas,
Le voyant si jeune et si faible.

Si je fis tort à mon prochain,
Je crie merci, qu'il me pardonne !
J'en prie Jésus, le roi du ciel,
Dans mon roman et mon latin.

J'ai été tout Joie et Prouesse,
Mais je dois quitter l'une et l'autre[3],
Et partir, ores, vers Celui
Où tous pécheurs trouvent la Paix.

J'ai été bon vivant et gai,
Mais le Seigneur ne le veut plus ;
Et j'ai peine à porter le faix,
Tant je suis proche de la fin.

J'ai laissé tout ce que j'aimais :
La chevalerie et l'orgueil...
Tout ce que Dieu veut, je l'accepte,
Et le prie de m'unir à lui.

Je prie mes amis qu'à ma mort
Ils viennent tous et fort m'honorent
Car j'ai connu Joie et Liesse,
Loin et près, et dans ma demeure ;

Je quitte ici Joie et Liesse
Et vair et gris et zibeline...

---

3. Litt. : nous nous séparons tous les deux, chacune étant tour à tour envisagée.

MARCABRU[4]
Pastourelle

À la fontaine du verger
Près de la grève où l'herbe est verte,
À l'ombre d'un arbre fruitier[5],
En un décor[6] de blanches fleurs
Et de chant nouveau coutumier,
Je vis seule, sans compagnon,
Celle qui tient une peine ouverte.

Une donzelle au corps gentil,
Fille d'un seigneur de château...
Je me flattais que les oiseaux
Lui faisaient joie, et la verdure,
Et la douceur du renouveau ;
Et qu'elle voudrait bien m'entendre,
Mais bien vite son air changea...

Les yeux en pleurs – à la fontaine –
Et soupirant du fond du cœur :
« Jésus, roi du monde, dit-elle,
Par vous s'accroît ma grand douleur :
L'outrage qu'on vous fait me tue,
Puisque les meilleurs de ce monde
Vont vous servir : ainsi vous plaît !

---

4. Voir notice biographique le concernant, p. 43.
5. Domestique, planté.
6. *aizimen*, arrangement agréable.

Avec vous s'en va mon ami
Bel et courtois, puissant et preux :
Me reste ici la grande peine
Le désir, souvent, et les pleurs...
Ah ! malheur soit du roi Louis
Qui veut ces appels et ces prêches,
Qui ont mis le deuil dans mon cœur[7] ! »

À ces paroles désolées,
Je vins vers elle, au clair ruisseau :
« Belle, lui dis-je, trop de pleurs
Flétrissent vos joues, vos couleurs...
Il ne vous faut désespérer :
Celui qui fait feuiller le bois
Vous peut donner beaucoup de joie. »

« Seigneur, dit-elle, oui, je crois
Que Dieu aura merci de moi,
Dans l'autre monde, à tout jamais,
Comme de bien d'autres pécheurs,
Mais ici il m'enlève l'être
Par qui crût ma joie qui peu dure
Il est parti si loin de moi ! »

---

7. Allusion à la Deuxième croisade qui fut prêchée en 1146.

Bertran de Born

Bertran de Born est né vers 1140 au modeste manoir de Born de Salagnac, en un terroir périgourdin limitrophe du Limousin corrézien. Il commença par expulser son frère Constantin de l'important château voisin de Hautefort, dont il était devenu le coseigneur, puis il se mit à guerroyer contre Henri II Plantagenet, roi d'Angleterre, poussant à la révolte, avec les barons aquitains et poitevins, le fils aîné d'Henri, le « jeune Roi » (héritier désigné), Henri Court Mantel, jaloux de son cadet Richard Cœur de Lion, devenu effectivement duc d'Aquitaine et comte de Poitou (par la renonciation de sa mère Aliénor). Après la mort du jeune roi (1183), il se réconcilia avec Henri II et avec Richard Cœur de Lion qui était venu assiéger Hautefort.

Ce troubadour est le type achevé du baron ne rêvant que bataille, soit par goût de l'aventure, soit par besoin d'argent, soit pour assouvir des vengeances personnelles.

Sur la fin de sa vie, il se fit moine au monastère de Dalon, où il était déjà le 8 janvier 1197, et où il mourut peu avant 1215.

Son œuvre – une trentaine de sirventès politiques, huit chansons ou chansons-sirventès, un ou deux *planhs*, deux chansons de croisade – écrite de 1181 à 1196, est surtout intéressante par les « sirventès » qui le classent parmi les très grands poètes.

Sur la mort du jeune roi Henri

Si tous les deuils, les larmes, les chagrins,
Et les douleurs, dommages et misères
Qu'on ait ouïs en ce siècle dolent
Étaient ensemble ils paraîtraient légers
Près de la mort du jeune roi anglais.
Prix et Jeunesse en restent douloureux,
Le monde aussi, obscur et ténébreux,
Privé de joie, plein de pleurs et colère.

Tristes, dolents, débordants de chagrin
Sont demeurés les courtois soudoyers,
Les troubadours et jongleurs avenants.
La Mort leur fut trop terrible guerrier
Qui leur ravit le jeune roi anglais
Près de qui sont avides les plus larges.
Devant ce mal en ce siècle ne fut
Ni ne sera plus grand cri de colère.

Farouche mort tout emplie de chagrin
Vante-toi donc, hélas, tu nous as pris
Le chevalier le meilleur de ce monde,
Car il n'est rien de précieux et grand prix
Qui ne fût tout au jeune roi anglais.
Mieux eut valu, si Dieu choyait raison
Qu'il vécût, lui, plutôt que maints fâcheux
Qui font aux braves et malheurs et misères.

En ce bas siècle où prospère chagrin,
Tout amour fuit, toute joie est mensonge
Car il n'est rien qui ne s'y change en mal.
Tout bien déchoit, plus aujourd'hui qu'hier.
Inspirons-nous du jeune roi anglais,
Le plus vaillant, le plus noble du monde.
Il est parti, son beau corps amoureux,
Ne nous laissant que douleur et colère !

À qui voulut dans notre grand chagrin
Venir au monde et nous tirer de peine,
Et souffrir mort pour notre sauvement,
À vous, Seigneur, le Juste et le Clément,
Nous remettons le jeune roi anglais.
Veuillez, Seigneur, lui accorder Pardon
Et l'accueillir parmi bons compagnons
Là où jamais ne fut deuil ni colère.

6. SATIRE SOCIALE, MORALE ET RELIGION

Les poètes du Moyen Âge occitan ont rarement décrit la société en tant que telle, avec le souci d'objectivité qui caractérise, par exemple, la sociologie moderne. Ils sont toujours doctrinaires, moralistes, partisans.

Parmi les satiriques ou moralistes, il convenait de faire une place de choix à quelques poètes – d'ailleurs inspirés – qui, au nom d'un idéal religieux très épuré, peut-être même entaché d'hérésie, ont combattu soit l'ordre moral qui tendait à remplacer l'antique « courtoisie » (Montanhagol), soit les mœurs dissolues du clergé romain (P. Cardenal, G. Figueira), soit la dépravation universelle qu'une ère plus spirituelle allait, croyaient-ils, faire disparaître ou du moins corriger (R. de Cornet). Ces poètes – âpres, virulents – représentent l'un des aspects les plus originaux du génie occitanien.

Amanieu de Sescas

Amanieu de Sescas[1] écrivait entre 1278 et 1304. Il était originaire de Saint-Martin-de-Sescas, arrondissement de Langon (Gironde), et se faisait appeler le « Dieu d'Amour », sans doute parce qu'il avait conscience de bien instruire les jeunes gens et les jeunes filles dans l'art d'aimer courtoisement.

Il nous reste de lui deux épîtres amoureuses[2] et deux « enseignements ». L'un est adressé à un « écuyer[3] », l'autre à une « donzela » ou jeune fille de noble maison faisant fonction de dame de compagnie (Anglade, *Hist. sommaire de la litt. méridionale*, 1921, p. 180). Le second de ces « ensenhamens » présente un intérêt assez vif. Il nous trace de la jeune fille du monde, à la fin du XIIIe siècle, un portrait qui n'est pas sans charme. Et quelques-uns de ses préceptes – moins démodés que ceux que donne Ovide dans l'« Art d'aimer » – seraient encore appréciés de nos jours.

---

1. On trouve aussi Sescars.
2. L'une, de 174 vers octosyllabes, qu'il a datée de 1278, est dans Raynouard, *Lex.*, I, 499, et dans la *Chrestomathie* d'Appel, n° 100.
3. 471 vers de 7 syllabes rimant deux à deux. Partiellement dans Raynouard, *Choix*, II, 268-271.

Textes : Raynouard, *Choix*, t. II, pp. 263-268 ; Bartsch, *Chrestomathie provençale*, 6ᵉ éd., 1904, col. 355-358, édit. partielle, 143 vers. Le poème en compte 511. Nous donnons ici 73 vers, dont 25 de Raynouard et 48 de Bartsch-Koschwitz.

L'ENSEIGNEMENT DE LA DONZELLE
Soins de beauté

Je trouve bon qu'avant de vous lacer,
Vous vous laviez les bras,
Les mains et le visage.
Ensuite, chère amie,
Lacez bien vos manches
Étroitement et comme il faut.
Ne portez pas
Les ongles si longs
Qu'il y paraisse du noir,
Belle au corps gracieux.
Et veillez surtout
À soigner votre tête
Plus convenablement que tout le reste,
Car c'est ce que l'on regarde le plus
Qu'il convient d'embellir le plus.
Vous devriez blanchir
Vos dents tous les matins
Et avant de vous faire voir, être exacte
À accomplir tout ce que je vous ai dit.
Il faut, de plus, que vous ayez
Un beau et clair miroir,
Où vous miriez
Votre teint et votre visage :
S'il y a quelque chose qui vous déplaise,
Faites-y correction…

En conversation

Si à cette occasion[4]
Un homme vous invite
Et vous requiert de galanterie,
Ne vous faites pas une loi
De lui paraître distante
Et de revêche compagnie.
Défendez-vous autrement,
Avec d'agréables et gentils propos.
Et si cet entretien vous cause
Du tourment et vous fait ennui,
Dites-lui de vous apprendre les nouvelles :
Demandez-lui quelles dames sont plus belles,
Des Gasconnes ou des Anglaises ;
Quelles sont les plus courtoises,
Les plus loyales, les meilleures.
S'il vous dit : « Les Gasconnes »,
Répondez sans hésiter :
« Seigneur, sauf votre respect,
Les dames d'Angleterre
Sont les plus belles du monde. »
Mais s'il vous dit : « C'est l'Anglaise »,
Répondez : « Ne vous déplaise,
Seigneur, la Gasconne a plus de beauté. »
Vous le mettrez ainsi dans l'embarras.
Faites alors venir avec vous
D'autres compagnons pour être les juges
De votre différend et pour établir
Qui a tort ou raison.
Mais quel que soit celui qui vous entretienne
Qu'il ne vous trouve pas discourtoise en paroles,
Fût-il l'ennemi
De tous vos amis,

---

4. En société.

Car de même qu'un homme nous plaît
Quand il s'oppose énergiquement
Aux méchants qui le combattent,
Votre mérite sera infiniment plus apprécié
Et recevra meilleures louanges,
Si vous vous montrez courtoise.
Douce, pleine de modestie
Et de grâce envers tous les honnêtes gens.
Il ne faut pas qu'on découvre en vous de l'orgueil :
Je ne veux pas, Demoiselle,
Que vous ayez la réponse farouche.
Il y a bien d'autres jolis faux-fuyants
Que vous pouvez utiliser
– Plus de cinq cents – s'il vous plaît.
Sans avoir à dire d'impolitesses
Ou à commettre une incorrection.

Raimon de Cornet

Nous n'avons rien trouvé à ajouter à l'étude biographique que Camille Chabaneau a consacrée à Raimon de Cornet dans «Deux manuscrits provençaux du XIVe siècle»[5]. Ce poète naquit à Saint-Antonin de Rouergue (au nord-est de l'actuel Tarn-et-Garonne) vers 1300. Il fut d'abord prêtre, dès 1324, puis il devint frère mineur, dont il ne porta l'habit que peu de temps, «peut-être seulement huit mois et neuf jours[6]». À partir de 1327, il rentra dans le clergé séculier, et enfin se fit moine blanc, «c'est-à-dire qu'il se fit recevoir dans l'ordre de Cîteaux où il paraît avoir achevé sa carrière, peut-être dans le Moustier-de-Pontaut, au diocèse d'Aire-sur-l'Adour, qui était une abbaye de cet ordre[7]».

C'est pendant les huit mois (?) qu'il passa chez les franciscains, que, «pour avoir embrassé avec trop d'ardeur les doctrines d'un des membres les plus célèbres de l'ordre de saint François, le frère Pierre Jean-Olivi, il fut inquiété, et faillit même, un peu plus tard (février 1326), être brûlé vif à Avignon[8]».

Ce Pierre Jean-Olivi (1247-1293), frère mineur de

---

5. *Deux manuscrits provençaux du XIVe siècle...*, publiés par le Dr J.-B. Noulet, et Camille Chabaneau, Société pour l'étude des langues romanes, Montpellier-Paris, 1888.
6. *Deux manuscrits provençaux...*, p. 29.
7. *Deux manuscrits provençaux...*, p. 30.
8. *Deux manuscrits provençaux...*, p. 30.

Béziers, avait écrit un commentaire sur l'Apocalypse dans lequel l'Église romaine était assimilée à « Babylone », la grande prostituée ; son livre, traduit en langue d'oc, avait exercé une influence considérable sur les esprits. Dans la pastourelle de Guilhem d'Autpol (*L'autrier, a l'intrada d'Abril*[9]), c'est de lui sans doute qu'il est question au vers 76 : « Frère Jean le dit bien : le plaisir engendre la mort... » Et chez Raimon de Cornet, comme l'a très bien vu Chabaneau, ce sont peut-être les idées de Pierre Jean-Olivi qui s'expriment dans les pièces du ms. A-XXV et XXVI, sous forme d'allusions – volontairement obscures – à l'Antéchrist (qui n'est autre que le Pape ou l'Église romaine) et dans l'affirmation très franciscaine, que la pauvreté christique a une valeur absolue.

Avec ce poète nous sommes bien, d'ailleurs, dans l'atmosphère spirituelle, à la fois désespérée et pleine d'espérance, qui a caractérisé la fin du XIIIe siècle et le début du XIVe. On croyait très proche la fin de l'ère du Fils et l'avènement du règne du Saint-Esprit qu'avait prophétisé Joachim de Flore (mort en 1202). Le monde allait finir. Arnaut de Villeneuve, vers 1300, ne cessait d'annoncer la fin de « ces temps ». Raimon de Cornet, en attaquant si vivement les mœurs de son époque, a voulu, sans doute, souligner la dépravation, l'« absurdité » d'une ère condamnée, et d'un monde promis, cependant, à une régénération totale. Pessimisme dans l'actuel, espoir dans l'avenir. La « versa » reflète les tendances communes aux béguins de saint François, et de façon générale, aux troubadours moralistes du siècle précédent. (L'imitation de Peire Cardenal y est évidente.) Dans le temps où règne l'Antéchrist, le salut du monde ne réside plus qu'en cette « Rosa vermelha » qui

---

9. *La pastourelle dans la poésie occitane du Moyen Âge*, par Jean Audiau, De Boccard, Paris, 1923, p. 117.

a bien pu symboliser, pour Raimon de Cornet, l'avènement de l'Amour-Esprit. Sous l'influence, en effet, des kabbalistes juifs du XIIe siècle, qui, en Languedoc même, avaient féminisé le dixième séphiroth, ou sous l'influence d'idées gnostiques plus anciennes, le Saint-Esprit avait pris une tonalité féminine. On croyait, en Italie, surtout dans le peuple, qu'il allait s'incarner en forme de femme. Ce qui – indirectement – contribuait à revaloriser l'Amour courtois.

Il est assez significatif que Raimon de Cornet, qui était resté fidèle aux anciens troubadours (il en cite trois, note Chabaneau [10], Peire Cardenal, N'At de Mons, Aimeric de Péguilhan?), tout en acceptant de chanter la Vierge en roman et en latin, ait entendu conserver le droit de chanter les dames fort librement, et de les courtiser selon les enseignements des Provençaux. Raimon de Cornet avait une dame mystique (celle qui «purifiait» et faisait «monter en Prix»). Selon une tradition qui s'était déjà manifestée chez quelques troubadours (G. de Cabestanh, B. de Ventadour, Gaucelm Faidit…) et s'affirmera avec Dante, il avait choisi pour Dame celle qu'il avait connue enfant: peut-être Indie de Caumont, femme de Gui de Comminges, seigneur de Lombers… Pour la désigner, il emploie un *senhal* (l'usage des «senhals», pratiqué dès les premiers troubadours, ne s'était vraiment généralisé qu'à la fin du XIIIe siècle), qui n'est autre que la «Rose». Mot qu'il prend «tantôt dans sa signification propre, tantôt et bien plus souvent dans une signification métaphorique et allégorique, l'appliquant dans ce cas, soit à une Dame, soit à la Sainte Vierge, ou laissant incertain, à dessein

---

10. *Deux manuscrits provençaux…*, p. 35; Chabaneau ajoute, p. 36 que trois autres lui ont fourni des modèles, son compatriote, le vicomte de Saint-Antonin, Raimon Jordan (fin du XIIe siècle), Raimbaut de Vaqueiras et Gaucelm Faidit.

peut-être, l'objet terrestre ou céleste qu'il entendait désigner[11] ». Peut-être aussi cette Rose enferme-t-elle un sens plus « hérétique ». Mais nous ne saurions l'affirmer.

---

11. *Deux manuscrits provençaux...*, p. 31.

LA « VERSA »

Puisque beaucoup de gens font des « vers »,
Je veux me distinguer d'eux :
Je ferai une « verse »,
Car ce monde est tant à rebours
Qu'il fait de l'endroit l'envers,
Et, tout ce qui est, le renverse.
Tout ce que je vois est tromperie :
Le père vend le fils
Et l'un dévore l'autre.
Le plus gros blé est mil ;
Le chameau est lapin ;
Le monde dedans et dehors
Est plus amer qu'aconit.

Je vois le pape faillir :
Il veut, riche, s'enrichir encore.
Et il ne veut pas voir les pauvres.
Il veut recueillir l'argent,
Et s'en fait joliment servir ;
En vêtements dorés il veut siéger ;
Et il est bon marchand,
Puisqu'il donne contre deniers
Évêchés à gens de sa maison ;
Il nous envoie des collecteurs,
Quêtant avec leurs lecteurs,

Qui donnent indulgence contre poids de blé,
Ou même en font directement somme en « pougeois ».

Les cardinaux honorés
Sont préparés, selon
Ce qu'on dit, tout le jour,
Pour faire tôt un marché.
Si vous voulez un évêché
Ou une abbaye,
Et si vous leur donnez beaucoup d'argent,
Ils vous feront avoir
Chapeau vermeil ou crosse.
Avec fort peu de savoir
– A tort ou dûment –
Vous aurez gros revenu,
Pourvu que donner peu ici ne nuise [12].

Des évêques le fait me plaît !
Ils écorchent la peau
Aux prêtres qui ont de la rente.
Et ils leur vendent leur sceau
Sur un peu de papier ;
Dieu sait s'il y faut dédommagement !
Et ils font beaucoup plus de mal :
À un artisan
Ils font pour de l'argent une tonsure.
Tout cela est un mal public
En la cour « temporelle [13] »
Car elle y perd sa droiture,
Et par-là l'Église empire.

À présent il y aura
Beaucoup plus de clercs, de prêtres, par ici,
Qu'il n'y a de bouviers.

12. C'est-à-dire : n'empêche votre nomination.
13. Cour laie, laïque où peuvent siéger des ecclésiastiques savants.

Chacun rabaisse son pareil[14] :
Ils sont bien instruits, je le sais,
Mais qu'il ne me faille jamais le dire !
Ils sont chacun en faute,
Car ils vendent les sacrements
Et surtout les messes.
Quand ils confessent les gens
Laïques, non coupables,
Ils leur donnent de grandes pénitences,
Mais non point aux « prêtresses[15] ».

Les ordres religieux font semblant
De grande pénitence,
Mais pour sûr ils n'en font guère ;
Ils vivent deux fois mieux
Qu'ils ne faisaient auparavant.
En la maison de leur père
On vit mieux de même[16].
Comme mendiants ils sont malhonnêtes
Et sous l'habit disposent la nasse.
Et beaucoup d'hommes pauvres
Se mettent dans un ordre
Parce qu'ils n'ont pas de revenu certain ;
Sous l'habit ils font magasin.

De faux médecins je vois, nombreux,
Qui font faire des sirops,
Liniments et médecines ;
Par-là ils volent leurs profits.
Je voudrais que chacun d'eux fût éclopé,
Parce qu'ils font de fausses prescriptions.
Les mauvais apothicaires
Sont consentants à la chose

---

14. Par concurrence, le dénigre, le dit ignorant.
15. Femmes ou concubines de prêtres.
16. Ces prêtres et clercs enrichissent leurs parents.

Et vont par la voie tortueuse.
Tous sont si habiles
Qu'avec une nouvelle expérience
Ils font mourir beaucoup de gens
En dépit de la hart (qu'ils méritent).

Je vois de faux avocats [17]
Qui plaident âprement
Pour fort petite chose,
Et ces libelles sans légalité
Prennent une apparence de droit.
De parler ils n'ont trêve.
Ils louent fort « plaider »
Et ne veulent point d'accord,
Mais au contraire qu'on en vienne à se quereller.
Tant d'hommes de haut rang sont morts
Parce que les avocats soutenaient la cause injuste,
Que je voudrais que se perdît cette engeance
Et que s'arrêtât leur langue.

Trop faussement agissent
– Se parjurant et mentant –
Ces faux notaires-ci.
Pour tromper les gens
Ils font un long acte,
Afin qu'ils en aient grand salaire.
Si vous leur demandez des papiers,
Ils diront : « Venez mercredi,
Parce que maintenant il ne m'est pas possible de chercher. »
Pourtant si vous offrez
Cinq sous, ou six, ou dix,
Vous pouvez obtenir tout cela,
Pourvu que votre bourse se desserre.

17. « plaideurs ».

Les clercs étudiants
Qui dissipent le gain
Que leur père gagne,
Eux, vont caressant les filles,
En suivant les rivières,
Sans se soucier à qui le blé manquera[18].
Car ils vont se promener et divertir,
Tandis qu'ils devraient repasser.
Ils apprennent l'escrime,
Mais ils ne savent ni lire ni chanter
À l'autel, non point ;
Ni davantage dire l'office de prime,
Bien qu'ils aient le sommet de la tête rasé.

De tous les clercs il me fait peine :
Je les vois si pleins d'orgueil
Qu'on ne peut en dire du bien.
Je vois leurs méfaits à l'œil nu,
Mais je ne veux pas le dire.
J'ai assez dit sur eux mon opinion.
Je les trouve si mauvais, certes,
Qu'il me déplaît
Qu'ils lèvent les dîmes.
Dieu, qui fut percé de clous,
Les rende bons – si cela lui plaît –
Puisque je trouve, moi, tellement faux,
Ses mauvais vicaires.

Je vois le roi[19] faillir :
Il a avec lui des gens sans loi,
Et c'est l'image de l'erreur.
Il est en faute davantage, je le vois,
Parce qu'il ne maintient pas, un an durant,
Exactement mesures et balances,

---

18. En chassant à cheval, sur les rives, ils gâtent les récoltes.
19. Sans doute Philippe VI de Valois.

Et en faute parce qu'il veut lever
Des subsides et changer,
À quelque moment, les monnaies ;
De la communauté il veut rompre
Et changer les coutumes ;
Il veut tellement tondre ses brebis
Qu'il ne leur laisse pas de poils.

Les trésoriers et les baillis,
Les juges et les mauvais sergents
Trompent tout le monde ;
Où qu'il soit, chacun d'eux
Vit de vol et ils volent
Le droit du seigneur.
Ils cherchent le mal tout le temps.
Ils ont ruiné[20] de nombreuses maisons à tort,
Sans qu'elles eussent forfait.
Tous puent comme fumier,
Et, certes, tous ensemble
Ne valent pas deux dés ;
Je voudrais qu'ils fussent noyés.

Nous voyons parmi nous
La noblesse nécessiteuse,
Tellement qu'ils vendent leur terre
Et que s'accroît leur dépense.
Mais ils sont si orgueilleux
Que rien ne leur plaît que guerre.
Ils achètent avec emprunt
Et puis payent si malaisément
Qu'on prend leur bien en caution.
Nous voyons très facilement
Qu'ils déchoient fort vite.
Je ne connais dans la noblesse
Que mal et dommage.

---

20. Litt. : « dénués ».

Les marchands font l'usure,
Car ceux qui vendent un œuf,
Ils en veulent l'espoir d'autant.
Ils font de blé vieux blé nouveau,
Et du veau, un bœuf;
Et leurs fils font de la figue une poire.
Le faux marchand « boit » le pauvre,
Quand il lui doit
Et qu'il se plaint de l'usure.
Chaque jour le créancier prend sur son bien
Jusqu'au moment où il dit : « Tout est à moi
Et l'étame et la trame. »
Alors le malheureux se lamente.

Les artisans ribauds
Sont si avisés pour le gain
Que, pour cela, ils falsifient leurs ouvrages.
Ils vendent si adroitement
Et élèvent le prix si haut
Qu'ils trouvent de larges bénéfices.
Ils vendent sans faire grâce,
Et disent : « Par ma foi !
À un autre je ne le donnerais pas,
Même quand il payerait tout de suite. »
Ils vous conteront bien
Ce que le prix vous ferait gagner !
À ma volonté Dieu s'en vengerait.

Il y en a, des hommes de peine,
Qui savent tant de tromperie
Que Dieu veut que peu de bien leur reste[21].
Chacun vole chaque année
De la dîme peu ou beaucoup :

---

21. C'est Dieu qui, pour cela, les veut pauvres.

Il en recouvre sa semence.
Jamais vous ne verrez aucun
De ces habillés de gros drap brun
Sinon avec une langue bavarde,
Car ces « taille-commun », (vole-public[22]),
Disent du mal de chacun.
Ce serait gent trop arrogante,
S'il n'y avait la pauvreté.

Ces pauvres mendiants
Vivent tous des riches
Et ne les aiment guère,
Mais assurément, je vous dis, moi,
Qu'ils sont si injustes
Que sans cesse ils les diffament.
Quand le riche éprouve du dommage,
Cela plaît fort au pauvre,
Et cela lui sert d'arme contre lui.
Ni pain ni vin, ni vêtement non plus,
Ces gens n'auraient point, par mon chef ;
Mais ils sentiraient la pointe de la guisarme,
Si ce n'était pour mon âme.

Les jongleurs ont vite appris
Couplets, et aussi petits vers,
Chansons et « basses danses ».
Tout ce qu'ils disent est inexact,
Car ils ne font point attention :
C'est pourquoi ils font de grandes fautes.
Les jongleurs vivent de supercherie
Et sont de mauvaise conduite.
C'est l'Ennemi qui les gouverne :
Ils gagnent l'enfer.

22. Seul exemple du mot *talha-comu*.

L'été, et aussi l'hiver,
Vous n'en verrez pas un trio
Qui n'aillent pas à la taverne.

Des hôteliers j'ai mépris :
Si vous voulez un lit,
Ils voudront d'avance le paiement.
Ils volent le demi tarif payé ;
Ils y prendront[23] grand plaisir,
Car, bien qu'ils en aient une bourse,
Si vous voulez pain et vin,
Mettez l'argent en main,
Aussitôt, à leurs domestiques ;
Alors vous en aurez de mauvaise qualité,
Plus cher que n'est le safran,
Pour un denier la valeur d'une maille :
Beaucoup leur plaît la gent sotte.

Regardez à fond
Tous les gens de ce monde[24] :
En tous je trouve faute ;
Ce qui est du bas je le vois en haut :
Car l'un détruit l'autre ;
Chacun querelle tout le monde.
Celui qui est bien vêtu
Est partout accueilli,
Même s'il était un voleur ;
Et le malhabillé
Est le moins prisé,
Fût-il prédicateur,
Pape, ou empereur.

---

23. L'hôte vole sur les avances et n'en fait aucune.
24. Cette satire des gens de tous états est fréquente au Moyen Âge en latin, en oïl et en oc.

Je ne veux pas dire plus de mal,
Mais si l'on veut monter plus haut,
Sur le saint arbre de vie,
Que chacun s'efforce bien
De faire une bonne conclusion
Et une bonne fin.
Tous les mauvais seront bons
S'ils renoncent à la faute ;
Et que chacun se purifie ;
Et ainsi, que Dieu me pardonne,
J'ai dit le mal pour être utile,
Afin que le méchant ne se fasse pas pire,
Et que le bon s'améliore.

Ah ! Reine des cieux,
Beaucoup plus douce que le miel,
Prépare-moi le paradis.
Dame, fais-nous fidèles,
Loyaux comme fut Abel.
Le monde entier, Dame, veille
En toi, Rose vermeille[25].

---

25. On trouve « velhar » (sans complément) au sens de « veiller au tombeau d'un saint », Lévy, *Suppl.*, VIII, 615, n° 2, mais la construction « velhar en » n'a pas été relevée par les romanistes. J'en trouve un second exemple qui fixe le sens, de R. de Cornet lui-même, dans son intéressant « Libret de bos ensenhaments », recueil de distiques moraux en 452 vers, *Deux manuscrits provençaux...*, pp. 114-129 : « Veiller en Dieu vaut, si on le peut, de nuit, – beaucoup plus que de jour, où viennent trop de soucis. » Veiller en Dieu, c'est donc prier Dieu avec vigilance, être vigilant en Dieu (le jour ou la nuit). Ici « velhar en tu », c'est prier assidûment la Vierge, la Rose mystique du vitrail, que R. de Cornet appelle magnifiquement ailleurs (XXV, p. 51) : Fenestra d'aur qui-ns els cels dona vista – Roza d'abril on volc Jesus discendre, « Fenêtre d'or qui nous donne vue dans les cieux – Rose d'avril où Jésus voulut descendre » (R. Lavaud, *La « versa »* etc., notes, *loc. cit.*, p. 20).

Peire Cardenal

L'un des plus grands poètes du Moyen Âge. Né au Puy-en-Velay, d'une famille noble, vers 1180, il abandonna la chanoinie de sa ville natale, où l'avait placé son père, pour suivre sa vocation poétique. Le détail de sa vie nous est peu connue. Il a pris rang parmi les Occitans de l'entourage du comte de Toulouse qui n'acceptaient ni la domination française ni celle des clercs. Il a fustigé dans d'éloquentes et vigoureuses satires morales l'indignité du clergé et le relâchement des mœurs. Il a fourni une longue carrière et est mort presque centenaire.

Il reste de lui une dizaine de pièces ou « coblas » sur l'amour, et plus de quatre-vingts sirventès ou « coblas » satiriques et moraux.

Les deux pièces que nous donnons ici sont deux satires véhémentes, l'une dirigée contre un clergé infâme (vers 1229-1230) ; l'autre, d'une portée plus générale, contre les dévergondées et les voleurs (peut-être avant 1209).

Texte et traduction d'Audiau-Lavaud (*N. Anth. des Troubadours*, pp. 181-186).

Un clergé infâme

Les clercs se donnent pour des bergers,
Et ce sont des assassins,
Sous des airs de sainteté.
Quand je les vois se vêtir,
Il me souvient de messire
Ysengrin qui voulut un jour
Entrer dans une bergerie ;
Mais par crainte des chiens,
Il endossa une peau de mouton
Et trompa leur surveillance ;
Puis il dévora par trahison
Les bêtes qui lui plurent.

Ce sont les rois et les empereurs,
Les ducs, les comtes et les « comtors »,
Joints aux chevaliers,
Qui gouvernent ordinairement le monde ;
Maintenant je vois que les clercs
Ont acquis le pouvoir,
Par le vol et la trahison,
Par l'hypocrisie,
La violence ou la prédication ;
Ils sont fort ennuyés
Si on ne leur abandonne pas tout ; et leur volonté
Sera faite, en dépit de toute opposition.

Plus ils sont grands,
Moins ils ont de valeur
Et plus de folie
Et moins de franchise,
Et plus ils mentent,
Et moins ils sont instruits,
Et plus ils sont pécheurs
Et moins ils s'aiment entre eux.
C'est des mauvais clercs que je parle,
Car je n'ai jamais entendu dire
Qu'il y ait eu de pires ennemis de Dieu,
Depuis les siècles anciens.

Quand ils sont au réfectoire,
Je ne trouve pas honorable
De voir les plus vils
Assis à la plus haute table
Et choisir les premiers ;
Écoutez une grande vilenie :
Ils osent y venir
Et on ne les écarte point.
Mais jamais je n'ai vu
Un pauvre diable de mendiant
S'asseoir à côté des riches ;
Je vous assure qu'ils n'ont jamais commis pareille faute !

Que les Alcays[26] et les Almassors[27]
Ne craignent pas
Que les abbés et les prieurs

---

26. Les quatre Algais étaient des routiers et brigands célèbres ; le plus puissant Martin, enrichi par Jean sans Terre, vendit ensuite ses services tantôt aux croisés, tantôt aux Albigeois ; Simon de Montfort le prit en son château de Biron en Périgord et le fit écarteler (1212).
27. Almassor, surnom (ici au pluriel) d'Almanzor ou Almansour le Victorieux, porté par plusieurs califes, sultans, ou personnage musulmans ; désigne ici les sultans d'Égypte et de Syrie.

Aillent envahir leurs terres
Et s'en emparer,
Car cela leur coûterait trop de peine ;
Ici ils songent au moyen
De mettre la main sur le monde
Et de chasser messire Frédéric[28]
De son abri ;
Mais tel[29] le défia,
Qui jamais ne s'en réjouit beaucoup.

Clercs, celui qui crut vous apercevoir
Sans un cœur félon et injuste
A fait une erreur de compte,
Car jamais je n'ai vu gent pire que la vôtre.

---

28. Ceci paraît être une allusion précise au soulèvement du royaume de Naples, véritable abri ou asile de Frédéric, fomenté par Jean de Brienne, ex-roi de Jérusalem, beau-père de Frédéric. Frédéric (héritier des droits de Jean de Brienne au trône de Jérusalem), au retour de sa croisade en 1228-1229, réprima cette révolte, et se réconcilia, en 1230, avec le pape Grégoire IX qui l'avait excommunié avant son départ.

29. « *Tals* » paraît désigner Jean de Brienne ; vaincu en 1229, il partit pour Constantinople où les barons l'avaient choisi comme empereur.

Ma défense devant Dieu

Ici commence un poème nouveau
Que je dirai au jour du Jugement
À Qui me fit et créa du néant.
S'il veut savoir quels furent mes péchés,
Et pour ceux-là s'il m'envoie chez Satan,
Je lui dirai : « Seigneur, ayez pitié.
Toute ma vie dans ce monde mauvais,
J'ai trop peiné. Gardez-moi des tourments ».

Ceux de Sa cour, quand ils m'auront ouï
Plaider ainsi, resteront ébahis.
Je leur dirai : il faute gravement
Qui veut détruire et damner ses enfants,
Car si l'on perd ce qu'on pourrait gagner,
Toute abondance en disette se change.
Dieu doit veiller à l'instant de la mort
À protéger le souffle de nos âmes.

Qu'Il veuille bien déshériter Satan,
Sa moisson d'êtres en serait augmentée.
La fin d'enfer plairait à toutes gens,
Et Dieu sans mal pourrait bien s'en absoudre !
Vous qui avez pouvoir de pardonner,
Pardonnez-vous de détruire les diables,
Ruinez pour nous ces ennemis jurés,
Beau Seigneur Dieu, ils nous pèsent si lourd !

Il ne faut pas nous fermer votre porte,
Cela déplaît à Pierre le portier.
Veuillez plutôt laisser toute âme entrer,
Sans peine aucune, heureuse, souriante.
Car nulle cour n'est bonne compagnie
Si l'un sanglote alors que l'autre rit.
Dieu Tout-Puissant nous direz-vous pourquoi
Vous n'êtes pas à tout être accueillant ?

Je ne veux pas de vous désespérer,
Non, c'est en vous que j'ai tout mon espoir.
Aidez-moi donc à mon ultime soir,
D'âme et de corps vous devez me sauver.
Mais avec vous je veux faire un marché :
Ramenez-moi au temps d'avant naissance,
Ou, s'il vous plaît, pardonnez mes errances,
J'en serais pur si je n'étais pas né.

Mal ici-bas, mal en enfer, c'est trop,
Selon ma foi vous feriez un péché,
Car je peux bien encor vous reprocher
Que pour un bien je souffre mille maux.

Je vous supplie, Dame sainte Marie,
Priez pour moi auprès de votre fils
De bien vouloir prendre père et enfants
Et les poser où se trouve saint Jean.

Dévergondées et voleurs

Les amoureuses, quand on veut les réprimander,
Répondent gentiment, à la manière de messire Ysengrin ;
L'une prend un amant parce qu'elle est de haute naissance,
L'autre fait de même parce qu'elle meurt de pauvreté,
Une autre a pour mari un vieillard et dit qu'elle est toute jeune,
Une autre est une grande femme mariée à un petit jeune homme,
Une autre n'a pas de surcot de drap brun ;
Mais une autre en a deux et se livre de même à l'amour.

On a la guerre bien près quand on l'a sur sa terre,
On l'a plus près encore quand on l'a sur son oreiller ;
Quand le mari déplaît à sa femme,
Cette guerre est pire que celle d'un voisin.
Si tel que je connais était au-delà de Tolède,
Il n'y a ni sœur, ni femme, ni cousin
Qui dise jamais : « Que le seigneur Dieu me le ramène » ;
Au contraire, quand il part, le plus triste en rit.

Celui-là fait une grande fête – mais il ne la célèbre pas bien –
Qui y sacrifie bœufs volés et ravis ;
J'en sais un qui remplit son chaudron de viande
À l'entour de Noël, mais je ne veux pas dire qui ;

Cette viande-là n'est pas une viande propre,
C'est de la viande déloyale, qu'interdit la loi ;
Quant à l'homme, il est plus sot que l'enfant qui tète,
S'il croit honorer ainsi la fête de Noël.

Si un pauvre a pris un drap de lit,
Ce sera un voleur et il ira la tête basse ;
Mais si un riche a volé Mercurol,
Il ira la tête droite devant Constantin ;
Le larron pauvre, on le pend pour un ruban,
Et tel le pend qui a volé un cheval ;
Et c'est justice plus rapide qu'une flèche :
Le riche voleur pend le voleur pauvre.

C'est pour moi que je chante et que je joue de la flûte,
Car nul, excepté moi, ne comprend mon langage :
On le comprend aussi peu que celui d'un rossignol ;
Les gens ne comprennent ce que veut dire mon chant,
Je ne m'exprime cependant ni en frison ni en breton,
Et je ne sais parler ni le flamand ni l'angevin ;
Mais la méchanceté qui bouche leur entendement[30]
Les empêche de distinguer le vrai du faux.

Maintenant il me déplaît qu'un sot se mêle
De mon chant, car il agit comme un pourceau.

---

30. Litt. : qui les calfate (traduction rectifiée).

Guilhem Montanhagol

Contre les dominicains inquisiteurs

L'Inquisition, établie en 1229, ne fit vraiment sentir sa puissance qu'après avoir été confiée aux dominicains (avril 1233). Ceux-ci avaient dû prendre contre le luxe féminin, la prodigalité aristocratique et le «domney», des mesures sur lesquelles nous sommes mal renseignés, mais dont il est aisé de deviner l'esprit. C'est avec la plus grande vigueur que le poète contre-attaque.

On notera tout spécialement la strophe III où Montanhagol se montre si tolérant, si généreux, si humain…

Texte (revu) de la *Nouvelle Anthologie* d'Audiau-Lavaud, pp. 165-167, d'après l'édition J. Coulet. Traduction nouvelle.

Contre les dominicains inquisiteurs

En tout je vois Valeur cesser,
On ne s'en soucie ça ni là :
L'on ne songe à nul Bien chez nous
On n'a cœur qu'au travail qui gagne.
C'est mal aux clercs et aux frères Prêcheurs
D'interdire ce qui ne leur plaît pas :
Les dons généreux qu'on tait pour l'Honneur ;
Mépriser Honneur, Libéralité,
C'est avoir, je crois, le cœur mal placé.

Dieu veut en nous Prix et Louange
Lui qui, je sais, fut vraiment homme,
Et l'homme qui Dieu contrecarre[31]
Dieu lui a fait un tel honneur
Qu'à son image il l'a fait noble et grand,
Plus près de lui qu'aucune créature.
Fou donc celui qui n'estime son Prix,
Mais qu'il agisse en ce monde si bien
Qu'il soit partout bienvenu, où qu'il aille.

Ils se sont faits Inquisiteurs
Et jugent selon leur caprice ;
J'approuve bien que l'on enquête,

---

31. Litt. : qui à l'égard de Dieu détruit quelque chose (quelque obligation).

Qu'on pourchasse même l'erreur
Et qu'en discours bienveillants et sans haine
On sonne aux égarés le rappel de la foi ;
Qui se repent, je veux qu'il trouve grâce ;
Et que nos clercs si loyalement gagnent
Que tort ni droit n'y perdent rien du leur.

    Ils disent – c'est folie plus grande ! –
    Que l'orfroi ne convient aux dames…
    Pourtant Dame qui ne fait pis,
    Qui n'en tire orgueil ni superbe,
À se parer[32], ne perd l'amour de Dieu :
Nul, en effet, si par ailleurs est sage,
Ne s'aliène Dieu en se vêtant bien.
Ce n'est pas l'habit noir, ni le froc blanc
Qui leur vaudront Dieu, s'ils ne font pas mieux !

    Tous nos clercs – pour Notre-Seigneur –
    Renoncent au siècle pervers :
    Ils ne pensent qu'à l'autre vie.
    Dieu les garde du déshonneur
Aussi vrai qu'ils sont sans orgueil et humbles,
Qu'ils n'ont au cœur erreur de convoitise
Qu'ils n'ont nulle envie des beautés visibles !…
Ils ne veulent rien, mais emportent tout
Et font peu de cas du dam du prochain !

Sirventès ! va vite à Toulouse, au comte
Vaillant[33] : qu'il songe à tout ce qu'ils lui firent,
Et que désormais il se garde d'eux !

32. Litt. : pour se tenir gentiment.
33. Raimon VII (1222-1249).

Guilhem Figueira

Ce troubadour, originaire de Toulouse, a passé la majeure partie de son existence en Italie où il s'était réfugié peut-être pour fuir les rigueurs de l'Inquisition. Il y fut l'hôte de Frédéric II. Comme Bernart Sicart de Marvéjols, il se montre l'ennemi acharné de la domination française et de Rome.

L'œuvre de Guilhem Figueira, éditée par Émil Lévy, Berlin, 1880, se compose d'une dizaine de pièces écrites entre 1215 et 1250.

Le sirventès contre Rome – écrit entre le 8 novembre 1226 (mort de Louis VIII) et le traité de Meaux, 12 avril 1229 (Jeanroy) – est justement célèbre. « C'est la plus virulente satire que le Moyen Âge ait osée contre la Papauté » (J. Anglade).

Texte et traduction (revu) de la *N. anth. des Troubadours*, pp. 155-163. (Le texte est aussi dans les *Chrestomathies* de Bartsch et de Crescini ; le texte et la traduction dans Cavalière, *Cento liriche provenzali.*)

Sirventès contre Rome

De faire un sirventès – sur cette mélodie qui me convient,
Je ne veux plus tarder – ni longtemps hésiter ;
Et je sais cependant, sans en douter – qu'il attirera sur moi la malveillance,
Car je fais ce sirventès
Sur les fourbes, les malappris
De Rome, qui est – à la tête de la décadence,
Où tout bien déchoit.

Je ne m'étonne plus, – Rome, si le monde se trompe,
Car vous avez mis le siècle – en tourment et en guerre,
Et prouesse et merci – meurent par vous et sont ensevelis,
Rome trompeuse,
Guide, cime et racine
De tous maux, – si bien que le noble roi d'Angleterre[34]
Fut par vous trahi.

Rome tricheuse, – la cupidité vous égare :
À vos brebis – vous tondez trop la laine.

34. Jean sans Terre, dont le neveu, Othon de Brunswick, d'abord reconnu empereur d'Allemagne par Innocent III, fut excommunié et abandonné au profit de Frédéric II : les intérêts de Jean et d'Othon étaient liés ; or, avant Bouvines, Frédéric II s'allia à Philippe Auguste contre Othon et Jean (note de R. Lavaud).

Que le Saint-Esprit – qui revêtit un corps humain
Entende mes prières
Et brise tes crocs.
Rome, point de trêve avec moi, – car tu es fausse et perfide
Envers nous et envers les Grecs.

Rome, aux faibles d'esprit – vous rongez la chair et les os,
Et vous guidez les aveugles – avec vous vers la fosse ;
Vous outrepassez les commandements – de Dieu, si grande
Est votre cupidité,
Car vous faites, contre denier.
Remise des péchés. – Rome, vous vous chargez
D'un lourd fardeau de mal.

Rome, sachez bien – que votre lâche marchandage
Et votre folie – ont fait perdre Damiette[35].
Vous régnez à la male heure, – Rome. Que Dieu vous abatte
Et vous fasse déchoir !
Car vous régnez trop hypocritement
Pour l'argent, – Rome, de race vile, menteuse
À ses engagements.

Rome, je sais en vérité ; – sans aucun doute, que sous couleur
De faux pardon –, vous avez livré
Au martyre – les barons de France,
Loin, du paradis,

---

35. Damiette, ville d'Égypte perdue en 1221 par Jean de Brienne, roi de Jérusalem (fin de la Cinquième croisade), en partie par la faute du légat du pape, le cardinal Pélage, qui fit repousser les propositions de paix du sultan : reprise en 1249 par Saint Louis, puis restituée pour la libération du roi captif (R. Lavaud).

Et que vous avez assassiné,
Rome, le bon roi Louis[36] – en l'attirant loin de Paris
Par vos prédications trompeuses.

Rome, aux Sarrasins – vous faites peu de dommage,
Mais les Grecs et les Latins – vous les envoyez au carnage.
Dans le feu de l'enfer, Rome, – vous avez élu demeure,
Dans la perdition.
Que jamais Dieu ne me fasse
Participer, Rome, au pardon – ni au pèlerinage
Que vous fîtes en Avignon[37].

Rome, sans motif – vous avez tué maintes gens,
Et il ne me plaît guère – de vous voir suivre une voie tortueuse,
Car au salut, – Rome, c'est vous qui fermez la porte.
Aussi suit-il un mauvais guide,
Été comme hiver,
Celui qui marche sur vos traces – car le diable l'emporte
Dans le feu d'enfer.

Rome, il est facile – de voir le mal qu'on doit dire de vous,
Car, par dérision – vous faites des chrétiens des martyrs ;
Mais en quel livre – trouvez-vous que l'on doive,
Rome, tuer les chrétiens ?
Que Dieu qui est le pain véritable et quotidien
M'accorde – de voir advenir des Romains
Ce que je désire.

---

36. Louis VIII, mort en 1226, à Montpensier.
37. Avignon, prise par Louis VIII après trois mois de siège (1226) [R. Lavaud].

Rome, il est bien vrai – que vous fûtes trop empressée
Aux pèlerinages hypocrites – que vous avez proclamés
   contre Toulouse ;
Vous avez trop rogné de mains – à la façon d'une
   enragée,
Rome semeuse de discorde.
Mais si le valeureux comte[38]
Vit encore deux ans – la France portera
Le châtiment de vos perfidies.

Rome, si grande – est votre forfaiture
Que vous plongez dans l'oubli – Dieu et ses saints ;
Et vous régnez si mal – Rome fausse et perfide,
Qu'en vous se cache,
Se réduit et se détruit
La joie de ce monde. – Et vous faites grande démesure
À l'égard du comte Raimon.

Rome, Dieu lui vienne en aide – et lui donne le pouvoir
   et la force,
Au comte qui tond – les Français et les écorche,
Et en « fait planche et pont » – quand il est aux prises
   avec eux ;
Et j'en ai grande joie.
Rome, que Dieu se souvienne
De vos grands torts – et s'il lui plaît, qu'Il arrache le comte
À vous et à la mort.

Rome, je reprends bien confiance, – car avant peu
Vous finirez mal –, si l'empereur loyal[39]

---

38. Le comte « plein de prix », Raymond VII, dernier comte de Toulouse ; il subit les dures conditions du traité de Meaux-Paris (1229) et maria sa fille unique, Jeanne, au frère de Saint Louis, Alphonse de Poitiers ; il mourut à Millau en 1249 (R. Lavaud).

39. Le « droit » (loyal) empereur Frédéric II ; allusion à ses démêlés avec Grégoire IX (R. Lavaud).

Règle habilement son destin – et fait ce qu'il doit faire.
Rome, je vous le dis en vérité,
Votre puissance, nous la verrons
Déchoir –. Rome, que le vrai Sauveur me permette
De voir bientôt cela !

Rome, pour de l'argent – vous faites mainte vilenie,
Mainte chose déplaisante – et mainte félonie.
Vous voulez tellement – régir le monde que vous ne
   redoutez rien,
Ni Dieu ni ses défenses ;
Au contraire, je le vois,
Vous faites plus de mal – que je ne saurais dire,
Au moins dix fois plus.

Rome, vous serrez tellement – votre griffe
Que ce dont vous pouvez – vous emparer, vous échappe
   difficilement.
Si vous ne perdez bientôt – la puissance, le monde est
   tombé
Dans un mauvais piège,
Il est mort, vaincu.
Et le mérite est détruit : – Rome, voilà les miracles
Que fait votre pape.

Rome, que Celui qui est la lumière – du monde et la
   vraie vie
Et le vrai salut, – vous donne une mauvaise destinée,
Car vous commettez tant de méfaits, au su de tous, –
   que le monde crie.
Rome déloyale,
Racine de tous maux,
Dans les feux de l'enfer – vous ne manquerez point de
   brûler,
Si vous ne changez pas vos pensées.

Rome, en la personne de vos cardinaux, – on a de quoi
 vous reprendre,
Pour les mortels – péchés dont ils font parler,
Car ils ne pensent qu'aux moyens– de revendre
Dieu et ses amis,
Et la réprimande pour eux reste vaine.
Rome, il est fort écœurant – d'écouter et d'entendre
Vos sermons.

Rome, je suis irrité – de voir grandir votre pouvoir,
Et de voir grande peine – nous accabler tous à cause de
 vous,
Car vous êtes l'abri et la source – de la tromperie, de la
 honte
Et du déshonneur.
Vos pasteurs
Sont hypocrites et fourbes, – Rome, et qui les fréquente
Fait bien grande folie.

Rome, il agit mal – le pape, quand il dispute
Avec l'Empereur – le droit à la couronne,
Quand il lui crée des difficultés[40] – et pardonne à ses
 ennemis,
Car un tel pardon,
Qui n'est pas amené par de justes raisons,
Rome, n'est point convenable ; – qui, au contraire,
 cherche à en justifier l'auteur,
Demeure honteux.

Rome, que le Dieu de gloire – qui souffrit douleur
 cruelle pour nous
Sur la croix, – vous donne une mauvaise fortune,
Car vous voulez toujours – porter la bourse pleine,
Rome aux viles coutumes,

---

40. En particulier en l'excommuniant (1227).

Dont tout le cœur
Est tourné vers l'argent : – Aussi la convoitise
Vous conduit aux flammes éternelles.

Rome, de la rancœur – que vous portez en la gorge,
Naît le suc dont meurt – le monde, et dont il s'étouffe
Avec (trompeuse) douceur au cœur ; – voilà pourquoi le sage tremble
Quand il reconnaît et voit
Le venin mortel
(Et sa provenance là-bas – : Rome, il vous coule du cœur !)
Dont les poitrines sont pleines.

Rome, on a bien toujours – entendu dire
Que ce qui vous tient la tête diminuée (de sens) – c'est que vous la faites souvent raser ;
Je pense donc et je crois – que vous auriez besoin,
Rome, qu'on vous ôtât la cervelle[41],
Car vous portez un vilain chapeau[42],
Vous et Cîteaux – qui fîtes faire à Béziers
Très affreuse boucherie[43].

Rome, avec un appât trompeur – vous tendez votre filet
Et vous mangez maint morceau mal acquis – quel que soit celui qui s'en passe[44],
Car vous portez en vous – avec une mine innocente d'agneau,

---

41. Et par suite toute idée de nuire.
42. *de mal capel* : vous êtes de mauvais chapeau = de mauvaise réputation, par allusion à l'usage de faire porter une coiffure particulière, infamante, à certains condamnés. (R. Lavaud).
43. Rappel du massacre de 7.000 personnes qui eut lieu en 1209 dans l'église de la Madeleine de Béziers, au début de la croisade dont Arnaut Amalric, abbé de Cîteaux, légat du pape Innocent III, fut le promoteur détesté (R. Lavaud).
44. Auquel vous l'enlevez.

Des loups rapaces,
Des serpents « couronnés »[45]
Nés d'une vipère – et c'est pourquoi le diable prend
   soin de vous,
Comme de ses intimes.

---

45. Les cardinaux, évêques, dignitaires. *Corona* : mitre.

Table

Préface 5

Introduction 9

1. L'amour et la poésie 33

    Ballade anonyme 33
    Aube anonyme 35
    Guillaume de Poitiers 37
    Cercamon 40
    Marcabru 43
    Jaufré Rudel 47
    Raimbaut d'Orange 51
    Bernard de Ventadour 54
    Peire de Rogiers 65
    Giraut de Borneil 67
    Arnaut de Mareuil 70
    Peire Vidal 72
    Raimbaut de Vaqueiras 75
    Arnaut Daniel 77
    Guilhem de Cabestany 79
    Gui d'Ussel 81
    Gui d'Ussel et Èlias d'Ussel 82
    Gaucelm Faidit 85
    Savaric de Mauléon, Gaucelm Faidit, Uc de la Bachélerie 88

Peire Raimon de Toulouse	92
Daude de Prades	94
Gavaudan	97
Guiraut Riquier	99

2. Vidas 101

3. L'amour et le romanesque 163

Arnaut de Carcassès 163
   La nouvelle du Perroquet 168

4. Disputes et savoirs amoureux 179

Matfre Ermengau 179
   Le bréviaire d'amour 189
Peire d'Auvergne 193
   Sirventès sur douze troubadours 195
Le moine de Montaudon 198
   Sirventès 200
Raimbaud d'Orange et Giraut de Borneil 204
   Tenson 207
Guillaume de Poitiers 210
   Vers (le chat d'Agnès et d'Ermessen) 211
Mir Bernat 214
   Jeu parti 216

5. La guerre et la mort 219

Guillaume de Poitiers 220
   Vers 221
Marcabru – Pastourelle 223
Bertran de Born 225
   Sur la mort du jeune roi Henri 226

6. Satire sociale, morale et religieuse   229

Amanieu de Sescas   230
   L'enseignement de la donzelle   232
Raimon de Cornet   235
   « La Versa »   239
Peire Cardenal   249
   Un clergé infâme   250
   Ma défense devant Dieu   253
   Dévergondées et voleurs   255
Guilhem Montanhagol   257
   Contre les dominicains inquisiteurs   258
Guilhem Figueira   260
   Sirventès contre Rome   261

RÉALISATION : IGS-CP À L'ISLE-D'ESPAGNAC
IMPRESSION : NORMANDIE ROTO IMPRESSION S.A.S À LONRAI
DÉPÔT LÉGAL : SEPTEMBRE 2009. N° 99996-3 (1705602)
Imprimé en France